中国现代作家批评与中国现代文学意识

○平 著

Z GXDZJPP
Y ZGXDWXYS

辽宁大学出版社 沈阳
Liaoning University Press

图书在版编目（CIP）数据

中国现代作家批评与中国现代文学意识/吴浪平著. --沈阳：辽宁大学出版社，2024.7
ISBN 978-7-5698-1526-9

Ⅰ.①中… Ⅱ.①吴… Ⅲ.①作家－人物研究－中国－现代②中国文学－现代文学－文学研究 Ⅳ.①K825.6②I206.6

中国国家版本馆 CIP 数据核字（2024）第 108752 号

中国现代作家批评与中国现代文学意识
ZHONGGUO XIANDAI ZUOJIA PIPING YU ZHONGGUO XIANDAI WENXUE YISHI

出 版 者：辽宁大学出版社有限责任公司
（地址：沈阳市皇姑区崇山中路 66 号　邮政编码：110036）
印 刷 者：鞍山新民进电脑印刷有限公司
发 行 者：辽宁大学出版社有限责任公司
幅面尺寸：170mm×240mm
印　　张：13.75
字　　数：198 千字
出版时间：2024 年 7 月第 1 版
印刷时间：2024 年 7 月第 1 次印刷
责任编辑：冯　蕾
封面设计：高梦琦
责任校对：任　伟

书　　号：ISBN 978-7-5698-1526-9
定　　价：79.00 元

联系电话：024-86864613
邮购热线：024-86830665
网　　址：http://press.lnu.edu.cn

序　言

本书所说的"作家批评"是指法国文学批评家蒂博代所说的三大批评类型之一，即作家所进行的文学批评。这是文学批评中的一种重要现象，古今中外皆源远流长、文本丰富。中国现代文学时期，作家写作文论、从事批评的现象也是非常普遍，几乎所有的作家都有相关活动，而且很多人还特别热衷于论争论战。这些作家批评，是中国文学批评的重要文论材料，是中国现代文学史的重要史实材料。

以往，关于"作家批评"有比较常见的两种研究模式：

一是作家批评的风格特征研究，主要与职业批评相对照，考察它们的理论观点、在文学批评史上的价值，有个案研究、流派研究和比较研究等，走的是传统的文学批评史研究（文论史研究）的路子。这一模式的研究已经比较成熟，在温儒敏、许道明、刘锋杰、黄曼君、黄修己等名家以及其他学者的批评史专著中都有深入研究，还有很多研究作家作品的著作也经常会有部分章节谈及作家的文论批评；单篇的论文就更多了。但是，这一模式的问题在于多是个体作家或流派的批评观点、特色、成就，缺乏对于作为现象的整个现代文学作家批评的整体性考察，研究格局较为琐碎分散，而且在一定程度上存在结论陈陈相因的现象。

二是探讨作家批评中体现出的作家思想流变和时代思潮转

折，走的是思想史研究的路子。这一种研究模式，往往把作家当成文化思想批评的案例，脱离了文学批评史和文学史的领域，很少清晰地提出其中的文学史价值，对作家批评与文学史的内在深层关系缺乏明确自觉的意识，对作家批评在现代文学史建构中的作用发掘不够。

因此，对于现代作家的"作家批评"还有很广阔的研究空间。"作家批评"在20世纪中国文学理论与批评史上区别于"职业批评"的整体表现、历史贡献的问题，"作家批评"与"作家创作"之间的史论关系所蕴含的文学史意义的问题，应该可以成为现代文学研究的重要学术生长点。

而本书就是想尝试将现代作家批评与现代文学史的建构关联起来，揭示其复杂的深层关系。与既往研究只关注作家批评的风格特征或者仅关注作家批评体现的作家思想心理不同，本书把作家批评看成是现代文学自身历史建构的动态展开。这些作家批评既构成现代文学史的"史实"部分，也作为"史论"同时态地参与了"观念"的"现代文学"与"现代文学史"的构建。

本书提出，在"作家批评"和"现代文学史"之间存在一个"现代文学意识"的中介。所谓"现代文学意识"，简而言之就是使现代文学成为现代文学的意识。具体展开就包括：首先，现代作家如何理解"文学"？如何理解"现代文学"？也就是现代作家如何回答现代文学是什么的问题；其次，现代作家认为现代文学该如何发展？他们的预想与设计是什么？也就是作家们对现代文学发展方向的思考问题；第三，现代文学有了什么？也就是现代作家如何对自己创造的历史进行总结的问题；第四，在面对现代文学内部分歧与外部攻击时，作家们作出了怎样的回应？这是对现代文学合法性的思考问题。

总之，现代文学作家是中国现代文学的文学创造者，同时很多人也以批评家研究者的身份与立场阐释和评价自己以及同行的文学活动和创作成果，这些文学批评可以理解为现代文学的自我审视与自我批评，它所体现的是作家们对于现代文学的态度与期望、对于自身创造之物的价值评估、对于自身在这一历史创造中的历史地位的评估。他们的文学批评，绝不只有批评史意义，也不止于思想史意义，还会有文学史意义。

而本书正是希冀从作家批评活动中发现当时作家的普遍希望，发现作家实现这些希望的具体策略，而这些希望和策略，又如何同时态地参与建构了"现代文学"和"现代文学史"。如果能因此使我们对现代文学、对现代文学史有一些新的认识理解，那么本书就有了它的价值。

只是，由于作者个人学力不足，本书写作的目的没有很好地实现。本书是对我当年博士论文的修改和扩写，选题应该是个有价值的好题目，当年的论文开题和论文盲评，专家们都对选题给予了充分肯定。博士毕业之后，一直有大修大改的愿望，但直到今天决定不揣浅陋将其出版，就算是为过去不甚成功的学术经历做一个终结，放下这一思想包袱，此后轻装上阵，是朝花夕拾还是另辟新路，就可随心了。

最后是真诚的感谢。感谢求学期间的恩师们；感谢给予我肯定鼓励的其他专家学者们；感谢那些年前前后后的师兄师姐师弟师妹们；感谢家人们；感谢辽宁大学出版社的编辑们，你们的严肃认真让我非常感动，辛苦你们了！

2024 年 7 月

目 录

绪论　从"批评"到"意识":理解现代作家批评的新角度 ……… 1

 第一节　批评与作家批评 …………………………………………… 1
 第二节　"批评史"上的中国现代作家批评 ……………………… 4
 第三节　"文学史"视野中的"中国现代作家批评" …………… 6
 第四节　"现代文学意识"的提出 ………………………………… 9

第一章　从"文学"到"现代":现代作家批评中的文学观 ……… 16

 第一节　"文学"新定义 …………………………………………… 18
 第二节　白话文学:工具重造 ……………………………………… 24
 第三节　人的文学:精神重塑 ……………………………………… 32
 第四节　平民文学:品格定位 ……………………………………… 38
 第五节　走向"现代" ……………………………………………… 46

第二章　从"问题"到"主义":现代作家批评的文学价值观(上) …… 49

 第一节　纯文学的追求:文学的自律论 …………………………… 50
 第二节　现代文学的美学建构:以新诗为例 ……………………… 59
 第三节　文学性的另一种张扬:以沈从文的批评文体为例 ……… 82

第三章　从"问题"到"主义"：现代作家批评的文学价值观（下） …… 99

第一节　"为人生"：超越纯文学 …………………………… 100
第二节　写实主义：选择的策略 …………………………… 108
第三节　力的文艺：现代文学的政治美学建构 …………… 115
第四节　茅盾的批评意识 …………………………………… 124

第四章　从"身作"到"心构"：现代作家批评的文学史观 …… 129

第一节　接续"传统" ………………………………………… 130
第二节　重塑"正统" ………………………………………… 137
第三节　建构"新传统" ……………………………………… 140

第五章　从"文本"到"行动"：现代作家批评中的策略意识 …… 161

第一节　"宽容"的新文学批评 ……………………………… 163
第二节　"不容他人之匡正"的文学论争 …………………… 169
第三节　批评的行动化：策略与边界 ……………………… 180

结语　从"现代"到"当代" ……………………………………… 185

参考文献 …………………………………………………………… 190

绪论　从"批评"到"意识"：理解现代作家批评的新角度

第一节　批评与作家批评

在本论著中，"作家批评"是指作家所进行的文学批评；"现代"则限定在1917年至1949年之间；"中国现代文学"则取其最初的"新文学"之义，在下面行文中，如无特别说明，"中国现代文学"（有时简称"现代文学"）和"新文学"可以通用。

"作家批评"这个词里面的"批评"采用包括所谓"理论"与"批评"的广义理解。这种理解有例可据：

加拿大学者弗莱认为，批评是指"涉及文学的全部学术研究和鉴赏活动"[1]。

美国学者克里格认为，批评不仅包括对具体文学作品的感受与评价，还包括在理论基础上作出的某种理性阐释。在这里，批评既是一种实践，也是一种理论：

> 批评这一概念，一般来说，具有两种含义：其一指对诗或文学文本的直接审美反应，或者对其所做的陈述即话语；其二指对这种反应、陈述或话语在理论上所做的阐述。前者是对诗

---

[1]　弗莱：《批评的解剖》，天津：百花文艺出版社，2006年，第4—7页。

或文本的赏析，是心灵深处各种情绪的投射，也是一种应用或实践批评；后者则是基于哲学、美学、心理学、社会学等等学科之上，所进行的一种理智的或理性的审视，是对批评陈述的理论陈述话语，即批评之批评。①

韦勒克指出："（批评）这一术语最初被严格地限制在对古典作家进行词句上的批评这种意义之内，后来逐渐与对作家的解释、判断这一总的问题，甚至与知识和致知的理论等同起来"②。他指出，在西方有这么一种理解："既包括整个文学理论体系，也包括今天称之为实践批评的活动和每日评论。"③并且他承认这种广义理解的合理性与必要性。在《近代文学批评史》中，他也对"批评"的概念做了广义的阐释：

"批评"这一术语我将广泛地用来解释以下几个方面：它指的不仅是对个别作品和作者的评价，"明断的"批评，实用批评，文学趣味的征象，而且主要是指迄今为止有关文学的原理和理论，文学的本质、创作、功能、影响，文学与人类其他活动的关系，文学的种类、手段、技巧，文学的起源和历史这些方面的思想。④

因此，本文中的"中国现代作家批评"（有时简称"现代作家批评"），既包括了中国现代作家所写的作家作品批评，也包括他们所写的理论文章，甚至包括他们有关文学的有一定学术价值的各种片言只语。从体式来说，"批评"包括专论、短评、漫谈、通信、讲演、对话、书评、序跋、读后感、综合述评等。换言之，即现代作家关于文学的一切学术性言说。

其实在"作家批评"这个词的发明者那里，"批评"也是广义的。

---

① 莫瑞·克里格：《批评旅途：六十年代之后》，北京：中国社会科学出版社，1998年，第8页。
② 勒内·韦勒克：《批评的诸种概念》，成都：四川文艺出版社，1988年，第33页。
③ 勒内·韦勒克：《批评的诸种概念》，成都：四川文艺出版社，1988年，第25页。
④ 勒内·韦勒克：《近代文学批评史》第一卷，上海：上海译文出版社，1987年，第1页。

绪论　从"批评"到"意识"：理解现代作家批评的新角度　3

"作家批评"这个说法大概源于法国学者蒂博代。20世纪20年代，蒂博代从批评主体的角度，将文学批评概括为三类：自发的批评、职业的批评和大师的批评。其中，自发的批评指读者的口头批评或报刊记者的即时批评（媒体批评）；专业的批评即大学教授或文学研究者的批评（学院批评）；而大师的批评也就是艺术家的批评或作家的批评。① 他高度肯定了大师的批评即作家批评，认为这种批评是"居于艺术最深处的批评"②，"伟大的作家们，在批评问题上，表达了他们自己的意见。他们甚至表达了许多意见，有的振聋发聩，有的一针见血"③。同时，蒂博代也指出了作家批评存在的缺陷：主观性较强，容易导致偏见。比如，蒂博代在极力赞赏了雨果的《论莎士比亚》后，也说："作为艺术家，他对艺术做出了解释；作为天才，他对天才做出了天才的解释；作为有偏见的人，他的解释也带有偏见。"④

"作家批评"是文学批评中的一种重要现象和批评类型，在中西批评史上早就有之。罗根泽在《中国文学批评史》中指出，纵观中国古代文学批评，"大都是作家的反串，并没有多少批评专家"，"后来讲古文的，如唐宋八大家，明清的归有光、方苞、姚姬传；讲诗的，如唐代的李、杜、元、白，清代的王士禛、赵执信、袁枚；讲词的如宋代的张炎；讲曲者如清初的李渔，都是划时代的作家"⑤。朱光潜在《西方美学史》中也指出："随着人类文化的发展，文艺日益成为自觉的活动，最好的文艺批评家往往是文艺创作者本人。诗和戏剧方面的歌德，绘画方面的达·芬奇和杜勒，雕刻方面的罗丹，小说方面的巴尔扎克和福楼拜等大师，在他们的谈话录、回忆录、书信集或专题论文里都留下了珍贵的文艺批评。其所以珍贵，是因为他们是从亲身实践经验出发的。"⑥ 当然，他们

---

① 蒂博代：《六说文学批评》，上海：三联书店，2002年，第71页。
② 蒂博代：《六说文学批评》，上海：三联书店，2002年，第138页。
③ 蒂博代：《六说文学批评》，上海：三联书店，2002年，第110页。
④ 蒂博代：《六说文学批评》，上海：三联书店，2002年，第134页。
⑤ 罗根泽：《中国文学批评史》第1卷，上海：上海古籍出版社，1984年，第14页。
⑥ 朱光潜：《西方美学史》上册，北京：人民文学出版社，1979年，第5页。

二人也只是简单地列举了部分，这样的作家、艺术家参与文学批评的例子其实还有很多。

第二节 "批评史"上的中国现代作家批评

如果说在西方，20世纪是职业批评的世纪；那么在中国，20世纪的前半叶则是作家批评的天下。

可以说，几乎所有的现代作家都或多或少涉足文学批评活动。他们以不同的批评理论和方法，引导中国现代文学创作，参与中国现代文学理论批评体系的建设，推动了中国传统文论的现代转型。他们不仅在人数上压倒专业性的批评家，其影响也远远超出专业性的批评家。

作为与自发的批评、职业的批评相并立的一种批评类型，作家批评在批评史上具有其鲜明的特色与价值。

首先，作家本人具有丰富的创作经验，对于艺术创作规律的深刻把握、对于文艺之美的独特领悟有其他批评家很难企及的优势，因此他们更能揭示出文心诗心之奥秘，提供更符合文学本质的解释与批评。以沈从文对鲁迅作品的评论为例，鲁迅集文学家、思想家、革命家于一身，他的作品有着丰富的社会政治内涵和思想文化深度，挖掘、阐发、弘扬鲁迅的思想，以思想性或者政治性的标准来衡量鲁迅的价值与地位，这是当时人们论鲁迅时普遍的做法，时至今日也仍是阐释鲁迅的主流。而沈从文却从鲁迅的作品中发现并赞赏其"抒情"，尤其是"乡土抒情"之美，表现出与时潮迥异的慧眼与新见，这无疑与沈从文本人写作大量乡土题材的作品有很大的关系。所以有人说，如果文学研究能"再现作家的批评史，无疑等于从一个新的、特殊的视角撰写文学史，架构另一部专著"[①]。

---

① 让-伊夫·塔迪埃：《20世纪的文学批评》，天津：百花文艺出版社，1998年，第4页。

绪论　从"批评"到"意识"：理解现代作家批评的新角度　5

其次，作家在形象思维和美的传达能力方面，通常也比一般批评家更胜一筹，因此作家批评往往行文更为随意从容，更富有情感、文采和韵味，如同艺术创作一样具有个性风格之美。"在作家的笔下，各种批评包括那些论辩性和说理性很强的批评文字，也大都写得兴会淋漓、挥洒自如、妙趣横生，闪烁着灵性和智慧的火花，非常富于审美的感染力和动情力。"① 较之于职业批评家坚持"批评一定要更加科学，或者说更加精确，更加系统化"②而导致批评文本过于学理化、技术化、"非文"化和"非人"化，"作家批评不仅为现代批评提供了另一种解释文本的方式，更主要的是这种方式恰好弥补了现代批评缺乏的审美、个性品格。基于这重意义，作家批评可以在现代批评中被赋予新的意义而更具存在价值"③。

再次，优秀的作家总是不断追求艺术创新，不断突破旧有囿限，因此他对社会现实变化带来的新的社会审美心理和艺术价值取向有可能比职业批评家更为敏感，特别是那些富有远见卓识和历史使命感的作家在冲破旧观念、倡导新理论等方面的愿望也会更为强烈。这样，作家的文学思想往往可以走在专门的文学理论批评家的前面，成为新理论新观念的先驱。有研究者指出：在西方，19世纪至20世纪那些此起彼伏的文学运动正是由这些作家们以纲领性的文学旗帜为先锋发起的。无论是浪漫主义还是现实主义抑或是现代主义，它们的理论基础往往得益于这些致力于此创作的作家们的鼓吹和实践：斯太尔夫人、夏多布里昂、雨果为浪漫主义，波德莱尔为象征主义，巴尔扎克、福楼拜、左拉为现实主义，普鲁斯特、伍尔芙为意识流，他们都做出了不可磨灭的贡献。④ 与此相似，在中国现代文学史上，作家也引领了理论和批评的风骚。胡适

---

① 王之望：《论作家的理论批评》，《天津社会科学》1989年第6期。
② 兰塞姆：《批评公司》，见《二十世纪文学评论》（上），上海：上海译文出版社，1992年，第389页。
③ 邵滢：《"第七天的批评"：试论作家批评》，《华中师范大学学报》2003年第2期。
④ 刘晓南：《第四种批评》，北京大学博士论文，2006年6月。

的一篇《文学改良刍议》发动了缔造现代文学的文学革命，周作人的《人的文学》《平民的文学》奠定了现代文学的思想纲领，茅盾等文学研究会作家的"为人生的文学"开创了现代文学的现实主义道路，郭沫若、郁达夫等创造社作家则以"为艺术的文学"竖起了浪漫主义的大旗，后期创造社、太阳社的作家们又领导了"革命文学"之路。可以说，现代文学史上几乎所有的文艺运动、文艺思潮和有深远影响的文学观点，都是由作家们提出并付诸实践的。

当然，这只是择其大者谈了一下作家批评的重要价值，作家批评的意义远不止这几点和这几个角度。无论是作为批评现象的作家批评整体考察还是具体作家的文论观点、批评实践的个案研究，都是值得继续深挖和拓展的。

第三节 "文学史"视野中的"中国现代作家批评"

如上所述，中国现代作家批评参与完成了中国文学理论与批评从古典向现代的转型，以自身的鲜明特色丰富了中国现代文学理论批评的宝库。然而，本书并不试图在批评史的链条中发掘和阐发这些作家批评的理论观点及其价值意义，而是转换一个视角，主要研究现代作家们的批评与文学史发展的内在关系：这些作家批评是怎样参与了现代文学的历史进程，即现代作家批评的"文学史意义"。就这一层面而言，前人的研究不多，但又是一个很有意义的课题。

我们可以形成这样的基本共识：在实际存在的文学史中，文学批评和作家创作、作品传播、思潮流变、运动消长一样，都是文学史的重要组成部分。文学批评一直是与作家作品、思潮运动相伴而生、密切互动、相互影响、共同发展的，在实际的文学史演进过程中，其作用不可低估。

文学批评在"文学"和"文学史"观念的建构中扮演着重要角色。从某种意义上说，我们所论的"文学史"，实际只是主观化了的观念的

"文学史"。作家的文学活动和成果构成的只是文学和文学史的实体材料部分,即"史实";而文学理论与文学批评建构的才是"文学"和"文学史"的观念层面,即"史识"。没有观念不成史,有了"史识",才有"文学史"。因此,现代文学中的作家批评作为文学理论与批评的一部分,从一定角度一定程度上参与了"现代文学""现代文学史"的建构。其通过对"现代文学"的命名、解释、评判,使"现代文学"得以确立,"现代文学史"得以进入我们的视野。

正如陈方竞曾经指出:

……文学史,有两种虽相关又有不同的内容:一是指从过程到结果的具有实证意义的文学史;一是指在实证性文学史基础上产生的主客观统一的具有思辨意义的"文学史"(这里加引号以区别前者)。

…………

文学史进程中的文学批评之于"文学史"有特殊的意义,这涉及到"文学史"观的问题。从实证意义的文学史到思辨意义的"文学史",常常被人们忽略的不可或缺的一个中间环节是文学演进过程中的文学批评。作为从"结果"追溯"过程"的"文学史"所面对的,首先是以"作品"为核心的文学现象,这构成文学史本体的"第一真实"。而文学演进过程中的文学批评,以其特有的对"第一真实"的亲和性与涵盖性以及对"第一真实"的导向性和超越性,则体现了文学史本体的"第二真实"。后者较之前者,就其所引发的"过程"对"结果"的颠覆,对于在实证基础上产生的富有思辨性的"文学史",无疑具有特殊重要的意义。[①]

现代作家批评除了给我们提供了关于现代文学及其历史的"观念性"

[①] 陈方竞:《论穆木天五四时期文学批评的文学史价值》,《吉林师范学院学报》1996年第9期、10期。

认识，更为重要的意义在于，现代作家批评并不是对现代文学事后的静态追认，而是在当时就同步地深入现代文学的进程中，作为对现代文学的预设、规引、评判、总结、反思与修正，实际上已经实时性地、动态地参与了现代文学自身的构建。

在现代文学的时期，现代文学是一个正在生长着的、不确定的、有待不断寻求自身定位的新事物。现代作家批评既是对现代文学的解释与评价，也是对现代文学的预设和规定；既随着现代文学实践的发展而发展，又反过来潜在地修改着或重塑着现代文学的定义与内涵。也就是说，作家批评既是为现代文学代言，又在为现代文学塑形。比如，阐发、肯定、倡导某些作家、作品、观点，就是肯定它们所体现的新文学的某些特质、某一发展路线；反之，否定、批判某些作家、作品、观点，就意味着否定、反对和阻止新文学发展的某种可能性。因此，现代文学批评加入现代文学的规约机制，成为现代文学的一种内部政治，对现代文学发展路线和后世的现代文学史评价起到了规范、引导的作用。通过对现代文学史的考察，我们可以看出，每一种理论观点的提出，每一次文学论争的展开，甚至是对某一篇作品的某一次具体评论，都给现代文学增加了新的内涵，增添了新的变数，都或多或少、或隐或显地改变了现代文学的发展方向。这些不同的作家批评彼此形成一种权力博弈、制衡的关系，规定、影响、改变新文学的质的规定性和发展可能性，而又被最终制衡到一个既充满歧义、矛盾又稳定清晰的"共同体"——"现代文学"中，构成现代文学史的内在合力。

正如旷新年所指出，现代性中的"'现代文学'这一概念还必须把作家和文本以外的全部文学实践纳入视野，尤其是现代文学批评、文学理论和文学史的建设及其运作"[①]。

[①] 旷新年：《中国20世纪文艺学学术史》（第二部下卷），上海：上海文艺出版社，2001年，第31—32页。

第四节 "现代文学意识"的提出

为什么会有这么多作家热衷于文学批评？他们为什么要发言？他们为什么秉持这种观点而不是那种观点？在众说纷纭的背后，支配他们对文学发表各种看法、采取各种行动的心理是什么？我认为，在作家们的行动的后面，一定有一种自觉或不自觉的支配性的意识存在。

所谓"意识"，在汉语里可以有三种意思：一是指人脑对于客观事物的反映，二是指对某一问题的认识和重视程度，三是指自觉抱有的某种目的。这三点显然在作家批评那里都有所体现。文学批评当然是对文学现象的反映与判断，毋庸多言；现代文学作家对于自身文学活动以及创造物的重视也无须多言；而现代作家批评中的自觉的目的意识，也为不少学者所注意。王晓明就曾经对新文学的发生评论道："中国现代文学的诞生与我们在欧洲现代文学的历史上看到的情形明显不同：它是先有理论，后有创作的实践；不是后起的理论给已经存在的作品命名，而是理论先提出规范，作家再按照这些规范去创作；不是由几个缪斯的狂热信徒的个人创作所造成，而是由一群轻视文学自身价值的思想启蒙者造成。我简直想说，它是一种理智的预先设计的产物了。"① 这种理智的预先设计显然就体现了强烈的目的意识。

因为这些意识是关于中国现代文学的，所以我把它称之为"中国现代文学意识"。所谓"中国现代文学意识"，简而言之就是指对于中国现代文学本体及其发展建设的认识、预设与反思。具体而言，在逻辑内容上，包括现代文学的观念意识（包括文学观、价值观、历史观等层面）和建设意识；在表现方式上，现代文学意识可以体现在文学创作中，可

---

① 王晓明：《一份杂志和一个"社团"——重评五四文学传统》，王晓明主编《二十世纪中国文学史论》上卷，上海：中国出版集团东方出版中心，2003年，第190页。

以体现在文学理论与批评中（包括静态的批评文本与动态的批评活动），也可以体现在为实现现代文学的各种目标而采取的其他社会行动中（比如结社、办刊、出版等）。

本书的主要研究对象就是作家批评（包括静态的批评文本与动态的批评活动）中所体现的现代文学意识（包括观念意识和建设意识）。

从现代文学史上几乎全部的作家都参与批评、观点层出不穷和论争此起彼伏的事实来看，现代文学作家们的现代文学意识是很强烈、很突出的。那么，为什么现代文学作家会有这么强烈的现代文学意识？

首先，套用李鸿章的一句话来说，现代文学的出现就文学史而言也是"三千年未有之变局"，可谓是一项前无古人的伟大的事业（至少从表面看来现代文学斩断了和古代文学的关联，是一种断裂式的新生）。对于投身其中的参与者——现代作家而言，这无疑是光荣的，但又是充满变数的，有着很多困难和很大阻力。因此，现代文学始终是在"摸着石头过河"，始终是在思考中前进。什么是现代文学？现代文学（新文学）和古典文学（旧文学）的区别在哪里？现代文学的性质是什么？为什么要有现代文学？为什么会有现代文学？现代文学的意义、价值在哪里？现代文学已经有了什么样的经验和教训？现代文学应该怎样发展？现代文学的未来在哪里？这些问题不仅是留给我们这些后人研究的课题，也是始终都在纠缠着每一个当时的现代文学作家，逼迫他们必须正视与解答的历史要求。而这种对于自身所参与的事业的种种思考就沉淀为支配现代文学作家行为的一种集体意识。因此，我们就不会惊讶于现代文学史上层出不穷的理论观点、批评与论争。

显然，这与1949年以后的当代文学形成鲜明对比。当代作家对自己所进行的活动是毋庸时时反观的，更是毋庸辩护的，作为现代文学的延伸，其合法性已经由现代文学和国家意识形态共同肯定了。而且在很长一段时间里对前进的方向也是不用多虑的，早有规定好的路线、方针、政策指引前进。即使是"新时期"以后，可以自主选择命运时，也有"五四新文学"的参照，从而省去了黑暗中的探索。因此，当代作家包括职业的批评家的"当代文学意识"并不强烈,相反,往往愿意把自己的事业看成"现代文学"的接续。当代作家参与理论与批评建设的人数、热情也远远不及现代文学作家,其贡献与影响自然与现代文学作家无法同日而语。

其次,现代文学的生存环境也是现代文学意识强化的一个重要的隐蔽性制约因素。我们现在往往以为新文学从一诞生就受到了社会各方的热烈追捧,就是以胜利者的形象雄霸文坛,但事实与固有的观念正好相反,新文学的命运并非如此顺利。

一方面,现代文学是以颠覆传统的挑战者姿态出现的,因此它所受到的旧派势力的攻击十分猛烈。鲁迅诗云,"寂寞新文苑,平安旧战场。两间余一卒,荷戟独彷徨",其中"战场"二字就暗示了当年新旧文学斗争的激烈。事实上,新文学是在新旧文学(文化)长期反复的拉锯战中渐渐立稳脚跟、最终获胜的。很多事实可以说明这一点。

比如,在1923年,商务印书馆就迫于鸳鸯蝴蝶派的压力而撤掉了沈雁冰《小说月报》的主编职务。虽然有研究者发掘出了其他更深层原因[①],但起码可以说明新文学对立面实力的强大和新文学并非所向无敌。而一直到20世纪40年代"复古"的声音仍然不绝于耳,也说明新文学(文化)的压力始终没有消失。

又比如,当时的大学就长期将新文学拒之门外,一直到1929年,清华大学和中国公学才率先开始设立新文学课程,由朱自清在清华大学国文系的讲堂上开讲中国新文学研究课程。从这时起,新文学才算真正为现代学术体制、制度所接受。但是,这种接受是有限的,在新中国成立以前的全国大学中,设置新文学课程的不是很多,新文学课程在整个中

---

① 董丽敏:《想像现代性:革新时期的〈小说月报〉研究》,桂林:广西师范大学出版社,2006年。

国文学系的教学中地位相当边缘化，更不用说成为一个独立的学科了。①直到 20 世纪 40 年代，国立西南联合大学的一些教授仍以古籍、考据和国学为学术生命，对新文学和现代文学作家不能接受。沈从文在国立西南联合大学任教，就遭到一些教员的强烈反对，他们都习惯以衡量学术水平的尺度来衡量沈从文这样的作家。比如，刘文典就很瞧不起当时已经名扬国内的沈从文，他曾经说："陈寅恪才是真正的教授，他该拿四百个大洋月薪，我该拿四十个大洋，朱自清只值四个大洋，沈从文，四个大洋都多了。"②

因为当时大学的理念是"研究高深学问"和"造就专门人才"，而新文学被排除在此二点之外，说明新文学在当时是被小看的。直到今天，台湾大学中文系的教学宗旨里还有这样的说法："故本系之教学目标乃在发扬中国文化，传授经学、小学、诸子、文学、文献学等专门知识，以培养学生对于中国语言、文学、学术思想、文献资料深厚之认识与研究能力，并期勉学生以坚实之学术训练与文化素养作为日后从事学术研究、语文教学、艺文创作及各项文化工作之基础。"③显然，现代文学的地位并不起眼。

朱自清就曾经感叹：

> 大约是由于"傲慢"，或婉转些说，是由于"学者的偏见"，他们总以为只有自己所从事的国学是学问的极峰——不，应该说只有他们自己的国学可以称为正宗的学问！他们自己的国学是些什么呢？我，十足的外行，敢代他们回答：经史之学，只有经史之学！④

---

① 关于现代时期大学中新文学课程设置的情况，可参见沈卫威：《现代大学的新文学空间——以二三十年代大学中文系的师资与课程为视点》，《文艺争鸣》2007 年第 11 期；季剑青：《大学视野中的新文学》（博士论文）第一章，2007 年 6 月。

② 金安平：《合肥四姐妹》，北京：生活·读书·新知三联书店，2010 年，第 255 页。

③ 杨蓉蓉：《知识的合法选择与规避——中国新文学进入大学教育的初期回顾》，《文艺争鸣》2007 年第 7 期。

④ 朱自清：《现代生活的学术价值》，朱乔森编《朱自清全集》第四卷，南京：江苏教育出版社，1990 年，第 195 页。

另一方面，新文学自身也是问题多多。当时，新文坛的创作、翻译不尽如人意，而且因为读者文艺鉴赏力的不同，民众对新文学产生隔膜，使得新文学并没有真正走入民间，影响力甚至比不过鸳鸯蝴蝶派。新文学也没有真正确立起支撑自身的完整、统一而有力的理论体系。新文学群体内部对于新文学应该怎么发展分歧重重。在面对新文学的反对者时，现代文学作家尚能结成松散的新文学阵营；当他们的敌人暂时消失后，这个临时共同体便暴露出内部的不和谐，以至于"五四"一退潮就迅速分裂瓦解了。

显然，对于新文学而言，自我证明的道路还很长，前进的道路还很曲折，要做的事情还有很多。自身内部矛盾的消长、秩序的变动，使新文学一刻也不能停止思考；社会现实的外部压力、旧文学的潜滋暗长，使新文学不得不时时提防外界的围攻。现代文学意识就这样在一次次自身的调整和对外的斗争中不断强化。

"中国现代文学意识"是本文研究作家批评之文学史意义的真正切入点。如果说，上面第三节涉及的还只是中国现代作家批评作为中国现代文学理论批评的一个组成部分对于文学史的普适性意义层面的话；那么，"现代文学意识"的提出，将进入中国现代作家批评对于文学史的独特性意义层面——作家身份意义的强调。

强调作家批评的作家身份，除了可以显示作家批评与职业批评的差异外，还有很重要的一层意思就是强调作家的"参与者"身份，也就是对现代作家批评"现场感""历史感"的强调。就我们现在的现代文学研究而言，进入研究对象的本体、还原其历史本质及原貌，进而建构一种文学研究的学理范式，一直是一个重要的议题。许多学者呼吁文学研究应该"回到原初""回到原点"或"回到现场"，就是要求和希冀文学研究能还原历史情境、历史细节，进入当时文学与作家的生存环境和状态，进入文学（创作与论争）原初的存在，触摸到当时作家的精神深处，逼近研究对象、拥抱研究对象，走出人云亦云、先入为主、模式套用的研究困境。而本文"现代文学意识"命题的提出，正是试图返回"现场"，返回现代作家的原初心态的一种努力。

现代作家是中国现代文学的亲力亲为者,他们既是中国现代文学的创造者,又以研究者的立场描述和阐释自己以及同行的文学活动和创作成果。现代文学既是他们的身心经验,也是他们的安身立命之所,与作为旁观者或后来人的纯粹批评者相比,在心态、情感、认知与判断等方面难免会有一些不同。如果我们对现代作家批评仔细梳理、辨识,或许能够发现一些耐人寻味的东西。我们后人在理解文学史时往往很难真正做到"设身处地""身临其境",因此当我们无可避免地用今人的眼光去打量、评判前人时,很容易导致认同上的错位。我们今天以为的一些问题在那个时代的作家与批评家那里也许并不存在。当然,反过来也可能一样,一些我们视为理所当然不成问题的地方也许在当时却是作家们无法解开的心结。我们经常说某某作家出现了"矛盾"或面临着"困惑",或者感叹现代文学作家在哪里哪里出现了失误,诸如此类,也许只是我们此时此地的评价,含有价值判断的因素,亦含有想象的因素。很多时候,作家批评也许不是为了纯粹学术、为了建设中国现代文学理论,而是为了自己所参与并以此安身立命的新文学能够得到社会的认可。这些作家批评不能仅仅被视为个人的兴趣或才华的展示,更多的应被视为作家们对于新文学的不同态度与期望、对于自身创造之物的价值评估、对于自身在这一历史创造中的历史地位的评估。这里面就不可避免地会有很多的现实考虑和功利目的。比如,我们常常惋惜现代作家们不能超脱于各种政治的思想,甚至人事的纷争之外,没有做到纯粹的美的创造和学理建设。而舒芜先生就辩护说:"我们近些年来,常常听到一种论调,责怪中国近代以来一代一代的知识分子没有守住'纯学术''纯文学'之宫,而过于靠近现实政治,卷入现实政治。今天这样说说容易,但在当时,眼看文学和文化上的反动大都是总的政教反动之一部分,你想不管它,它却来管你,你想专谈文学文化,它那边政治、思想、道德、礼法等等连成的长蛇阵却向你卷过来,你还想超脱,还想守住'纯学术''纯文学'之宫，可不是容易的事。"①

而"现代文学意识"命题的提出，也就是希冀从作家批评活动中"发现当时人们的普遍希望，发现当时人们实现这些希望的具体策略，而这些希望和策略的背后，就有当时人们心目中未必意识却支配着他们生活的观念世界"②。这些现代文学意识，是比各种理论观点、宣言主张、文学活动更为深层地影响制约现代文学发展的内因。从这个意义上说，一部中国现代文学史，就是一部现代文学意识的发生发展史。

应该注意的是，现代文学作家的现代文学意识并不是一个单一的、固定的、静止的、牢不可破的整体，它有着内在的矛盾和分歧。对于当时的作家而言，新文学是一个正在成长的新生儿，它的命运并没有预定，具有不可预测性，因而对它的认识理解不可能有一个统一的绝对的标准答案。现代文学意识因此也是变动不居和多向拓展的，不仅不同的作家之间存在或大或小的差异，即使是同一个作家自身也时有矛盾和变化。然而，在各种歧见之间又有着某种同一性，毕竟面对的是同一个对象——中国现代文学（当时称为"新文学"），尽管这个对象本身的定义也是歧义重重。因此，本文对于现代文学意识的考察，既注意到它作为一个整体性命题对于作家的统摄性，也注重它自身的裂隙与矛盾及其从中传递出来的微言大义。

---

① 舒芜：《重在思想革命——周作人论新文学新文化运动》，《中华文化》1995年第1期，第246—247页。

② 葛兆光：《中国思想史·导论》，上海：复旦大学出版社，2001年，第18页。

第一章　从"文学"到"现代"：现代作家批评中的文学观

晚清以来，中国文学处于一场深刻的变革之中。这种变革在文学革命之前，以"诗界革命""文界革命""小说界革命"为标志已经掀起一场高潮，到五四文学革命又是一次高潮。这次"革命"终于完成中国文学从古典到现代的历史性转变，进入现代文学的"现代性"初创期。

"现代文学是什么？"这也许是现代文学作家开始文学创作和文学批评时首先要思考的问题。这实际上是新文学的自我定义与定位的问题。

中国现代文学诞生初期，"现代文学"的叫法有很多。胡适、郑振铎曾称之为"文学革命"，蔡元培、洪深曾称之为"中国新文学运动"，鲁迅、梁实秋曾称之为"现代中国文学"，周作人、郑伯奇曾称之为"中国新文学"，但最为公认的普遍的说法是"新文学"。现代文学作家把他们所从事的文学事业称为"新文学"，说明在他们探讨文学观念时，实际上已经有了一个潜在共识，即他们探讨的是"新"文学观念。

这种"新"文学观念表明他们已经具有了不同于古代文学的现代文学意识。中国现代文学的这种"新"或者说"现代"是在与传统的对立中凸显的，而其依据则在于西方的文学文化精神。这一点已经成为学界的普遍共识：

> 新与旧的修辞法在新文化运动中奠定了传统与现代的二项对立观，而传统与现代的二项对立又同东西方文化的对立观互相交迭："西方文化"优越于"东方文化"，一如"现代"胜于"传统"。这两个对立观的交迭显示了中国人对现代性的历史体

验与西方体验的不同。①

五四的"新青年"们力图建立起一种新的"文学"的主体同一性（subjective identity）。这种新的文学主体最显著的特征就是与传统文学的断裂和区别，它的同一性立基在一系列文学和语言内部的二元对立上：旧/新、古/今、雅/俗、死/活、文言/白话……紧接着二元对立模式的自然是非此即彼的选择，而之所以如此选择，不是依赖于理论性的阐明，而是根据东西方的比较。②

五四新文学的发生，是在一种线性的时间观念的作用下，通过传统与现代、文言与白话、精英与通俗等一系列的对立，而建立起自身的合法性和"现代"品质。而西方文学观念以及文类体系的移入以及启蒙立场、审美独立的强调，也强化了这一品质的纯粹性。③

中国新文学的现代性是在变革中建立起来的。新文学借助与传统文学断裂的策略，在与传统文学的二元对立中，获得了现代性的合法身份。现代文学意识也从这种旧与新、传统与现代的对立、转换与沟通中萌生，而现代文学意识的内在矛盾和分裂也在这里初现端倪。

因为现代文学的发生是理论在前创作在后，所以现代文学的定义与定位并非后来的对于现代文学创作的归纳与总结，而是一种预设与想象。那么，现代文学的"现代"或者说新文学的"新"，在最初的五四时期是怎么想象性地展开的呢？

---

① 刘禾：《跨语际实践——文学，民族文化与被译介的现代性（中国，1900—1937）》，宋伟杰等译，北京：生活·读书·新知三联书店，2002年，第118页。
② 罗岗：《危机时刻的文化想像》，南昌：江西教育出版社，2005年，第261页。
③ 温儒敏等：《中国现当代文学学科概要》，北京：北京大学出版社，2005年，第132页。

第一节 "文学"新定义

要理解现代文学，当然首先离不开对"文学"的现代理解。对"文学"的界定成为"现代文学"的逻辑起点。对"文学"的重新界定，意味着现代文学意识的产生。20世纪是一个变革的世纪，作家的思想意识、文学观念正在发生巨大的变化。其中，对"文学"的重新理解是一个突出的现象。这一变化不是从"五四"作家开始，却是在"五四"作家那里尘埃落定。

这个过程是文学重新命名的一个过程。首先，"文学"这个名称被重新设定，中国传统的"文学"概念被西方的"文学"概念替代，中国传统的"文学"范畴被西方的"文学"范畴重新界定。在这个过程中，首先发生的变化是文学的概念转变和文类偏移。"纯文学"观念的普遍接受，现代文体分类的确定，最终成为现代文学不言而喻的基本前提。

我们现在所理解的"文学"，是指以虚构、想象、情感为特征和本质的审美性"文学"。但在中国古典时期，却并非如此。在古代中国，"文学"既包括我们现代意义上的文学，还包括一切学术著作和知识学问，是一个广义文学或者杂文学概念。文史混杂，文笔兼收，"文学"与"文""文章"是通用的。刘勰的《文心雕龙》里的"文"，除了我们可以用今天"文学"称之的"诗""乐府""赋"之外，还包括颂赞、祝盟、铭箴、诔碑、哀吊、谐讔、杂文、史传、诸子、论说、诏策、檄移、章表、奏启、议对、书记等17类30多种文体，都不属于我们今天的"文学"范畴。直到辛亥革命前，章太炎还持有这种宽泛的理解："文学者，以有文字著于竹帛，故谓之文；论其法式，谓之文学。"[①] 虽然以虚构、想象、情感为特征和本质的审美性文学从创作到理论一直都在不断地发

---

① 章太炎：《国故论衡·文学总略》，上海：上海古籍出版社，2003年，第49页。

展，如在魏晋南北朝时期有一个所谓的"文学自觉"的时代，但并没有获得"文学"的专名权。因此，人们既用"文"来指称所谓的文学，也用来指称非文学，甚至"一个中国文人在使用文这一概念时，只要他愿意，他就可以不假思索地同时用文来指称文学之文和非文学之文"[①]。

"文学"的现代内涵是到"五四"以后才得以完全确立的，尽管这个词的文字书写形式在中国古代早已有之。我们可以注意到，自最早的1904年左右林传甲和黄人的《中国文学史》开始，一直到20世纪30年代，文学史的开篇总要探讨文学的概念，这就说明现代"文学"概念的确定并非一蹴而就，而是经历了一个比较长的演变过程。

对于现代意义的"文学"的出现，目前比较普遍的看法是日本用中国的"文学"这个词来翻译西方的literature，然后20世纪初的中国学人经由日本的中介，也用"文学"这一书写符号对应了英语世界里literature一词的含义，现代意义的"文学"就此产生。鲁迅先生就曾经指出，"文学"这个词是日本人用来翻译英文literature一词后，再传到中国来的："用那么艰难的文字写出来的古语摘要，我们先前也叫'文'，现在新派一点的叫'文学'，这不是从'文学子游子夏'上割下来的，是从日本输入，他们的对于英文literature的译名。"[②] 其实这个翻译的历史还要更久远。根据刘禾的研究，西方学者马西尼发现，早在17世纪，来到中国的耶稣会传教士艾儒略在《职方外纪》（1623）中，就已用"文学"来译literature。[③] 值得注意的是，西方的literature的含义也不是一成不变的，在17世纪的西方，"文学的概念并不像今天那样有时只限于'创造的'或'想象的'写作，它指的是全部受社会重视的写作：不仅有

[①] 彭亚非：《中国正统文学观念》，北京：社会科学文献出版社，2007年，第59页。
[②] 鲁迅：《门外文谈·不识字的作家》，载《且介亭杂文》，北京：人民文学出版社，1975年，第76页。
[③] 刘禾：《跨语际实践——文学，民族文化与被译介的现代性（中国，1900—1937）》，北京：生活·读书·新知三联书店，2002年，第69页。

诗，而且有哲学、历史、论文和书信"①。这时候，西方的 literature 与中国传统的"文学"（我们现在所谓的"杂文学"）恰恰是几乎完全对应的。因此，17 世纪时的"文学"还不是今天的"文学"。到了 20 世纪初的时候，中国经由日本的中介翻译 literature 时，西方的这个词已经是随着所谓的"浪漫主义时期"开始发展，从 19 世纪开始流行的，作为"创造性"或者"想象性"的作品理解的 literature 了。② 这样，汉语的"文学"也被强制性地跟着改变了意义，这才成为现代意义上的以虚构、想象、情感为特征的"文学"，与中国传统"文学"不同的新的"文学"。

中国现代以虚构、想象、情感为特征和本质的审美性"文学"概念的最终固定，体现了从"广义文学"到"狭义文学"、从"杂文学"到"纯文学"的对立与转换过程。在这个过程中，因为"五四"新文学运动将 19 世纪欧洲的浪漫主义思潮引入中国，带来了浪漫主义所强调的情感、想象和美的理论。情感、想象和美被认定为"文学"的根本特质，构成"杂"与"纯"这一对立论述的核心：周作人提出的划分文学与非文学的标准是"文章中有不可缺者三状：具神思 Ideal、能感兴 Impassioned、有美致 Artistie 也"③。胡适在《什么是文学》（1920 年 10—12 月）一文中，用最浅近的话说道："文学有三个条件：第一要明白清楚，第二要有力动人，第三要美。"而这三条的核心则是"表情达意"④。

在 20 世纪初期，"文学"这个现代名词的使用还没有完全稳定，一些论者也常用"纯文学"来指代它。比如，王国维于 1905 年在《论哲学家与美术家之天职》一文中首次使用了"纯文学"："……故我国无纯粹

---

① 特里·伊格尔顿：《现象学，阐释学，接受理论——当代西方文艺理论》，王逢振译，南京：江苏教育出版社，2006 年，第 16 页。
② 特里·伊格尔顿：《现象学，阐释学，接受理论——当代西方文艺理论》，王逢振译，南京：江苏教育出版社，2006 年，第 17 页。
③ 周作人：《论文章之意义暨其使命因及中国近时论文之失》，杨扬编《周作人批评文集》，珠海：珠海出版社，1998 年，第 12 页。
④ 胡适：《文学改良刍议》，姜义华主编《胡适学术文集·新文学运动》，北京：中华书局，1993 年，第 87 页。

之哲学，其最完备者，唯道德哲学，与政治哲学耳。至于周、秦、两宋间之形而上学，不过欲固道德哲学之根柢，其对形而上学非有固有之兴味也。其于形而上学且然，况乎美学、名学、知识论等冷淡不急之问题哉！更转而观诗歌之方面，则咏史、怀古、感事、赠人之题目弥满充塞于诗界，而抒情叙事之作什佰不能得一。其有美术上之价值者，仅其写自然之美一方面耳。甚至戏曲小说之纯文学亦往往以惩劝为旨，其有纯粹美术上之目的者，世非惟不知贵，且加贬焉。"① 最早写作《中国文学史》的黄人也用过这个词："注重在动读者之感情，必当使寻常皆可会解，是名纯文学。"② 刘经庵干脆将他的文学史直接命名为《中国纯文学史纲》（1935）。这体现了中国人对于"文学"独立性的一种认识与态度。

西方"文学"观念的出现，是建立在知、情、意三分的现代知识背景上。现代文学作家在接受"文学"的观念时，很自然地也接受了知、情、意三分的现代知识制度，因而他们注意到了文学的独立性的问题。鲁迅以为："由纯文学上言之，则以一切美术之本质，皆在使观听之人，为之兴感怡悦。文章为美术之一，质当亦然，与个人暨邦国之存，无所系属，实利离尽，究理弗存。"③ 周作人则略为保守，他说："夫言文章者，其论旨所宗，固未能尽归唯美，特泛指学业，则肤泛而不切情实，亦非所取。惟其义析中而说近似者，则如近时美人宏德之说，庶得中庸矣。宏氏《文章论》曰：'文章者，人生思想之形现，出自意象、感情、风味，笔为文书，脱离学术，遍及都凡，皆得领解，又生兴趣者也。'"④ 并进一步划分了"纯文学"与"杂文学"："夫文章一语，虽总括文诗，而其间实分两部：一为纯文章，或名之曰诗，而又分之为二，曰吟式诗，

---

① 姚淦铭、王燕编：《王国维文集》第三卷，北京：中国文史出版社，1997年，第7—8页。
② 黄人：《普通百科新大辞典》，钟少华编《词语的知惠》，贵阳：贵州教育出版社，2000年，第59页。
③ 鲁迅：《摩罗诗力说》，《河南》1908年第2、3期。
④ 周作人：《论文章之意义暨其使命因及中国近时论文之失》，杨扬编《周作人批评文集》，珠海：珠海出版社，1998年，第10页。

中含诗、赋、词、曲、传奇、韵文也；曰读式诗，为说部之类，散文也。此他书，记论状诸属，自为一别，皆杂文章耳。"① 并批评黄人的文学史对于"文学"的认识模糊，"更有著《中国文学史》者，袠然鸿制，为书十六篇二百八十八章，总十万言。言非不多，特有类堆垛而无条理，读书终卷，终莫明文章为何物"②。很多年后郑振铎同样严厉地批评道："他是最奇怪——连文学史是什么体裁，他也不曾懂得呢！"③

而刘半农的《我之文学改良观》则是文学革命中第一篇论述纯文学与杂文学不同的专门论文。刘半农指出，"欲定文学之界说，当取法于西文，分一切作物为文字与文学二类"。他用西方标准区别了"文字"与"文学"，把纯文学与杂文学区别开来，同时把文学从杂文学担负的各种职能中解脱出来，这就是对文学独立性的强调。

茅盾认为，中国文学的"载道""把真实的文学弃去，而把含有重义的非文学当作文学作品；因此以前的文人往往把经史子集，都看作文学，这真是把我们中国文学掩没得暗无天日了。把文学的界说缩得小些，还没有大碍，不过把文学的范围缩小了一些，要是单把文学的界说放大，将非文学的都当作文学，那么，非但把真正的文学埋没了，还使人不懂文学的真义，这才贻害不少哩"④。

郑振铎在《文学的定义》一文中也指出了文学的独立性。他从与科学和其他艺术门类的比较中来认识文学。他首先指出科学与文学二者的不同：文学是诉诸情绪，科学是诉诸智慧；文学的价值与兴趣含在本身，科学的价值则存于书中所含的真理，而不在书的本身。其次又指出文学

---

① 周作人：《论文章之意义暨其使命因及中国近时论文之失》，杨扬编《周作人批评文集》，珠海：珠海出版社，1998年，第24页。
② 周作人：《论文章之意义暨其使命因及中国近时论文之失》，杨扬编《周作人批评文集》，珠海：珠海出版社，1998年，第20页。
③ 郑振铎：《我的一个要求》，《中国文学论集》（下），上海：开明书店，1934年，第397页。
④ 茅盾：《告有志研究文学者》，《茅盾全集》第18卷，北京：人民文学出版社，1984年，第525页。

和别的艺术的不同：文学是想象的，因此它与诉诸视觉的图画、雕刻等不同；文学是表现人们思想和情绪的，不仅是表现情绪的，因此它与音乐又有不同。总之，"文学是人们的情绪与最高思想联合的'想象'的表现，而它的本身又是具有永久的艺术的价值与兴趣的"①。

这种"文学"的现代概念生成有三个结果，一是"文学"的审美性质得到明确。或者更确切地说，是中国传统的"文学"理解中偏重情感、想象、审美的这一支获得了"文学"的专名。沿着这一方向，在现代文学批评中产生"文学纯粹论"。二是在此基础上更进一步，作为总体性的"文学"获得独立性，就其在传统的知识体系中的位置而言，是从经史文章中独立出来并获得同等地位；就其在现代知识体系中的位置而言，是与哲学、历史学、政治学、社会学等并列的一门现代性学科。"文学独立论"在现代文学时期被提出并不断被坚持和强调。三是"文学"内部的文体类别（其实也可以说是文学的外延）被重新划分。中国古代传统的文体（文类）尊卑观被摒弃，源自西方的小说、戏剧、散文、诗歌四分法成为新文学的文体（文类）标准。到《中国新文学大系（1917—1927）》，最终以文学史和经典的双重方式的确定，成为我们今天谈论现代文学不言而喻的前提。

对于现代作家来说，把"文学"从杂文学中独立出来，变成"纯文学"，是具有重大意义的。这是对于"文以载道"观念的一种解放，也是对自身身份和地位的重新确定。从"文以载道"中独立出来，才可以自由地表达自己的心声、情思。只有有了这个基础，文学的纯粹论、独立论才能够得以展开。也只有文学的独立地位得到承认，作家才能相应地获得独立的价值和地位。所以，周作人才能够理直气壮地说："我们相信文学是一种工作，而且又是于人生很切要的一种工作；治文学的人也当以这事为他终身的事业，正同劳农一样。"②

---

① 郑振铎：《文学的定义》，《文学旬刊》第 1 号，1921 年 5 月 10 日。
② 蔡元培：《文学研究会宣言》，《小说月报》第 12 卷第 1 号，1921 年 1 月 10 日。

五四时期对于文学的重新命名，当然不仅是概念的重新定义，更是深入文学的本质与形态，完成对于古典文学从"形"到"质"的彻底决裂。简言之，这是现代文学对于自身的确立。这个确立不可能一朝一夕完成，必然是一个在文学实践上不断探索尝试的过程，一个在观念意识上不断交锋、推陈出新的过程，因而对于新文学的新的命名行为还要不断延续。

第二节　白话文学：工具重造

五四新文学对文学概念进行了重新界定，对文类进行了重新编排，这只是在文体范畴内从杂文学向纯文学的精减，并不足以成就一种全新的文学。严格地讲，当"文学"完成了由"杂"到"纯"的转换，我们可以说现代的能称为文学的肯定是"纯文学"，但并不意味着"纯文学"就一定是"现代"的，因为古代文学中也有相当多的这种"纯文学"，显然它们并不能以"现代文学"冠之。这就说明"现代文学"还另有它的特殊性。王瑶先生曾经说过，现代文学就是用现代人的语言表现现代人的思想和愿望。[①] 现代文学的"现代性质"的获得还需要从语言形式到精神内容等各方面的更多条件来使它区别于古代的"纯文学"。这一节先看语言形式方面，这就要提到胡适了。

胡适是现代文学的奠基人，也是现代文学写作实践的第一代探索者，因此谈到现代文学，谈到现代文学批评，谈到现代文学意识，就不能不先从他开始。这是无法绕过的起点。

现代文学与古典文学在形式上最明显的区别可能就是白话与文言的区别了。"文学革命"就是首先从语言开始的。

我们先来看"首举义旗之急先锋"的胡适。作为新文学的发轫者和

[①] 王瑶：《王瑶文集》第7卷，太原：北岳文艺出版社，1995年，第4页。

开拓者，胡适是怎么定义自己开创的"新文学"呢？在他的诸多文章、讲演、访谈中，都只是"白话文学"（后来又称为"国语的文学"）的重复申明，从他于美国与同学争论到《文学改良刍议》于国内正式发表直到晚年都是如此。现代文学就是白话文学，这是胡适为现代文学定下的"金科玉律"。即使今天，"重写文学史"的实践一批又一批，"现代文学扩容"的呼声一阵又一阵，这一点也几乎没有动摇。

1917年1月，胡适在《新青年》杂志上发表了催生一个崭新时代的《文学改良刍议》。在这篇文章中，胡适以进化论为自己的论述逻辑依据，雄辩地指出："文学者，随时代而变迁者也。一时代有一时代之文学；……此非吾一人之私言，乃文明进化之公理也。"① 因此，"今日之中国，当造今日之文学"②。那么"今日之文学"应该是什么呢？"然以今世历史进化的眼光观之，则白话文学之为中国文学之正宗，又为将来文学必用之利器……"③

这种历史进化的观念，在胡适其他的文章中也多有表述：

> 居今日而言文学改良，当注重"历史的文学观念"。一言以蔽之，曰：一时代有一时代之文学。此时代与彼时代之间，虽皆有承前启后之关系，而决不容完全抄袭；其完全抄袭者，决不成为真文学。④

> 文学乃人类生活状态的一种记载，人类生活随时代变迁，

---

① 胡适：《文学改良刍议》，姜义华主编《胡适学术文集·新文学运动》，北京：中华书局，1993年，第21页。
② 胡适：《文学改良刍议》，姜义华主编《胡适学术文集·新文学运动》，北京：中华书局，1993年，第21页。
③ 胡适：《文学改良刍议》，姜义华主编《胡适学术文集·新文学运动》，北京：中华书局，1993年，第28页。
④ 胡适：《历史的文学观念论》，姜义华主编《胡适学术文集·新文学运动》，中华书局，1993年，第32页。

故文学也随时代变迁，故一代有一代之文学。①

胡适的白话文学思考由来已久。在 1933 年 12 月 3 日发表的《逼上梁山》中，胡适非常详细地追溯了他倡导文学革命的起因和过程。胡适的思想从其留美期间思考"如何可使吾国文言易于教授"开始，那时他已经认识到白话是活文字，文言是半死的文字；随后在和梅光迪等人的争论中意识到中国文学必须经过一场革命，"文学革命"的口号开始提出。胡适认为，"一部中国文学史只是一部文字形式（工具）新陈代谢的历史，只是'活文字'随时起来替代了'死文字'的历史。文学的生命全靠能用一个时代的活的工具来表现一个时代的情感与思想。工具僵化了，必须另换新的，活的，这就是'文学革命'"②，这是胡适当时的思考。胡适正式承认中国今日需要的文学革命是用白话替代古文的革命，是用活的工具代替死的工具的革命。胡适说："我也知道光有白话算不得新文学，我也知道新文学必须有新思想和新精神。但是我认定了：无论如何，死文字决不能产生活文学。若要造一种活的文学，必须有活的工具。那已产生的白话小说词曲，都可证明白话是最配做中国活文学的工具的。我们必须先把这个工具抬高起来，使它成为公认的中国文学工具，使它完全替代那半死的或全死的老工具。有了新工具，我们方才谈得到新思想和新精神等等其他方面。"③ 经过长期的讨论思考，胡适形成了系统的"八事"，最后以《文学改良刍议》题名发表在国内刊物《新青年》上，得到陈独秀的赞同，写《文学革命论》呼应，正式在国内举起"文学革命"的旗帜。"文学革命"由此开始，现代文学由此开始。

在《新文学运动之意义》（1923 年 9 月 29 日在武昌大学的演讲，孟侯记录，刊于 1925 年 10 月 10 日《晨报副刊》）中，胡适同样强调了新

---

① 胡适：《文学的进化观念与戏剧改良》，姜义华主编《胡适学术文集·新文学运动》，北京：中华书局，1993 年，第 74—79 页。

② 胡适：《逼上梁山》，姜义华主编《胡适学术文集·新文学运动》，北京：中华书局，1993 年，第 200 页。

③ 胡适：《逼上梁山》，姜义华主编《胡适学术文集·新文学运动》，北京：中华书局，1993 年，第 210 页。

文学运动就是白话文运动：

> 所谓新文学的运动，简单地讲起来，是活的文学之运动，以前的那些旧文学，是死的，笨的，无生气的；至于新文学可以代表活社会，活国家，活团体。①

> 文学要怎样才能新呢？必定先要解放工具，文学之工具，是语言文字，工具不变，不得谓之新，工具解放了，然后文学的内容，才容易活动起来。②

> 要创造活文学，所以就要用白话。③

> 白话文学之趋势，在二千年来是在继续不断的，我们运动的人，不过是把二千年之趋势，把由自然变化之路，加上了人工，使得快点而已。④

> 新文学运动是中国民族的运动。⑤

多年以后，在《中国文艺复兴运动》（1958年5月4日）中，胡适把"文学革命运动"重新命名为"文艺复兴运动"。复兴什么呢？复兴千百年来由老百姓创造的下层文艺，白话的文艺。

> 白话是什么？是我们老祖宗的话，是我们活的语言，人人说的话，……这是老祖宗多少年，几千年慢慢的演变的话……这并不是我们造出来的，是老祖宗几千年给我们留的这一点资本。……所以我们说：文艺复兴是我们祖宗有了这个资本，到

---

① 姜义华主编：《胡适学术文集·新文学运动》，北京：中华书局，1993年，第169页。
② 姜义华主编：《胡适学术文集·新文学运动》，北京：中华书局，1993年，第170页。
③ 姜义华主编：《胡适学术文集·新文学运动》，北京：中华书局，1993年，第175页。
④ 姜义华主编：《胡适学术文集·新文学运动》，北京：中华书局，1993年，第175页。
⑤ 姜义华主编：《胡适学术文集·新文学运动》，北京：中华书局，1993年，第175页。

这个时候给我们来用，由我们来复兴它。①

我们中国几千年的文学史上有两个趋势，可以说是双重的演变，双重的进化，双重的文学，两条路子。一个是上层的文学，一个是下层的文学。上层文学呢？可以说是贵族文学，文人的文学，私人的文学，贵族的朝廷上的文学。大部分我们现在看起来，是毫无价值的死文学，模仿的文学，古典的文学，死了的文学，没有生气的文学，这是上层的文学。……下层文艺是什么呢？是老百姓的文学。是活的文艺，是用白话写的文艺，人人可以懂，人人可以说的文艺。②

我们老祖宗已经做的事体我们拿来提倡，我们学他的样子，我们来发扬光大。……我们愿意采用老百姓活的文字，这是我们所谓的革命；也可以说不是革命，其实还是文艺复兴。③

我们回头来想一想，我们这个文学的革命运动，不算是一个革命运动，实在是一个中国文艺复兴的一个阶段。④

胡适除了从进化的规律和历史的规律两个方面反复论证白话取代文言、白话文学取代文言文学的必然性外，也对白话能否文学以及如何做白话文学有所论述。

胡适认为白话并不鄙俗，而是优美适用，是文言的进化。白话有文言之长，而白话之长，文言未必有之。白话也可以产生一流文学。⑤

---

① 姜义华主编：《胡适学术文集·新文学运动》，北京：中华书局，1993年，第287—288页。
② 姜义华主编：《胡适学术文集·新文学运动》，北京：中华书局，1993年，第288页。
③ 姜义华主编：《胡适学术文集·新文学运动》，北京：中华书局，1993年，第289页。
④ 姜义华主编：《胡适学术文集·新文学运动》，北京：中华书局，1993年，第295页。
⑤ 胡适：《白话文言之优劣比较》，姜义华主编《胡适学术文集·新文学运动》，北京：中华书局，1993年，第6页。

第一章 从"文学"到"现代":现代作家批评中的文学观

在《文学改良刍议》发表一年后,胡适把"白话文学"上升为"国语文学"。1918年3月底至4月初,胡适作《建设的文学革命论》,提出"国语的文学,文学的国语"宗旨:"我的'建设新文学论'的唯一宗旨只有十个大字:'国语的文学,文学的国语。'我们所提倡的文学革命,只是要替中国创造一种国语的文学。有了国语的文学,方才可有文学的国语。有了文学的国语,我们的国语才算得真正国语。国语没有文学,便没有生命,便没有价值,便不能成立,便不能发达。"①

他认为,必须先造国语的文学,有了国语的文学,自然就会有国语。意思是说国语的文学即白话的今日之文学,做得多了,自然白话的语言标准就会慢慢形成并被普遍接受,就成了国语。胡适将之前的"八不主义"改为4条肯定的语言原则:"第一,要有话说,方才说话。第二,有什么话,说什么话;话怎么说,就怎么说。第三,要说我自己的话,别说别人的话。第四,是什么时代的人,说什么时代的话。"② 在这篇文章中,胡适还提供了努力做白话的几种具体途径:一是尽量采用明清小说中的白话;二是不够用则用今日的白话来补助;三是必要时适当地用文言来补助。

胡适之所以把"白话"更名为"国语",一个原因是"把'白话文学'正名为'国语文学',也减少了一般人对'俗语''俚语'的厌恶轻视的成见"③。其二,胡适把"文学革命"与"国语运动"合流,为现代文学找到了新的合法性依据。胡适对白话文学的鼓吹,最初是从文学如何更好地为时代、为启蒙服务的角度思考的。当他把白话上升为国语,要用白话来建立现代的民族国家共同语的时候,相应地,白话文学也就上升为国语文学,承担起建设现代民族国家的重任。用钱理群的话来说,就是"创造出适应现代中国人的思维、情感表达、交流要求的,具有思

---

① 姜义华主编:《胡适学术文集·新文学运动》,北京:中华书局,1993年,第41页。
② 姜义华主编:《胡适学术文集·新文学运动》,北京:中华书局,1993年,第41页。
③ 胡适:《中国新文学大系·建设理论集·导言》,《中国新文学大系导言集》,香港文学研究社,1968年,第38页。

想与艺术表现力的现代文学语言,从而创造现代汉语文学,并进而为现代民族国家共同语言的形成与发展奠定基础"①。现代文学因此以一种特别的方式承担起了"经国之大业",成为了"不朽之盛事"。如果说现代文学是现代的,那么原因就在于它是现代民族国家建设的一个重要组成部分,它参与了我们这个国家、民族的现代性塑造。在这个角度上,现代文学意义非凡,其合法性地位可以由国家意识形态证明。

在中国历史上,对白话的鼓吹,胡适并不是第一人。自晚清以来,白话文运动就已经有了较大规模。比如,早在戊戌变法时期,人们就意识到:"大抵变法,以开民智为先,开民智莫如改革文言。"文言早已成为文人们"舞文弄墨、袭空论以饰高名"的专利品,不仅不配做教育民众的利器,而且是误学、误民、误国的罪魁祸首。"有文字为智国,无文字为愚国;识字为智民,不识字为愚民,地球万国之所同也。独吾中国有文字而不得为智国,民识字而不得为智民,何哉?裘廷梁曰:'此文言之为害矣。'……愚天下之具,莫文言若;智天下之具,莫白话若……一言以蔽之曰:文言兴而后实学废,白话行而后实学兴;实学不兴,是谓无民"②。"早在胡适之前,白话的重要性已经被认识到了;大批晚清的思想家和报刊工作者——文学家,早已将它作为一种启蒙手段加以宣传和使用过"③。对于"文学革命"之前的白话文运动,胡适并没有回避,在《五十年来之中国文学》《中国新文学大系·建设理论集·导言》等文章中,也作了详尽而清晰的梳理。

但是,胡适有他独特的价值。第一,胡适的观点更为激进和大胆。"晚清提倡白话的人,虽然认识到它可以作为普及政治教育的媒介,却没有承认它是文学表现的主要形式。胡适比严复和梁启超走得更远,他明

---

① 钱理群:《扩大研究视野与确立研究重心》,《浙江师范大学学报·社科版》2002年第2期。
② 裘廷梁:《论白话为维新之本》,《近代文论选》,北京:人民文学出版社,1959年,第176—180页。
③ 费正清编:《剑桥中华民国史》上卷,北京:中国社会科学出版社,1994年,第522页。

第一章 从"文学"到"现代":现代作家批评中的文学观

确指出在过去的千余年中,中国文学的主流并不是古典文体的诗文,而是白话文学。"所以胡适"的确也提出了一种'革命'性的主张——他的先驱者们或者是不曾觉察到,或者是未能有信心地加以提倡"①。

第二,胡适是有意的主张。在为《申报》五十周年纪念而作的《五十年来中国之文学》中,胡适认为在这五十年之中,势力最大、流行最广的文学是白话的小说,是这五十年中国文学的最高作品、最有文学价值的作品。并且他认为这一段小说发达史乃是中国"活文学"的一个自然趋势,重要性远在前面两段古文史之上。但是,这五十年的白话小说和一千年以来的白话文学有同样的一个大缺点:白话的采用,仍旧是无意的、随便的,并不是有意的。所以演进很慢。近五年的文学革命,便不同了。他们老老实实地宣告古文是已死的文学,他们老老实实地宣告"死文字"不能产生"活文学",他们老老实实地主张现在和将来的文学都非白话不可。这个有意的主张,便是文学革命的特点,便是五年来这个运动之所以能成功的最大原因。

> 1904年以后,科举废止了。但是还没有人出来明明白白的主张白话文学。二十多年以来,有提倡白话报的,有提倡白话书的,有提倡官话字母的,有提倡简字字母的:这些人难道不能称为"有意的主张"吗?这些人可以说是"有意的主张白话",但不可以说是"有意的主张白话文学"。他们的最大缺点是把社会分做两部分:一边是"他们",一边是"我们"。一边是应该用白话的"他们",一边是应该做古文古诗的"我们"。我们不妨仍旧吃肉,但他们下等社会不配吃肉,只好抛块骨头给他们吃去罢。这种态度是不行的。②

> 1916年以来的文学革命运动,方才是有意的主张白话文

---

① 费正清编:《剑桥中华民国史》上卷,北京:中国社会科学出版社,1994年,第522页。

② 姜义华主编:《胡适学术文集·新文学运动》,北京:中华书局,1993年,第149页。

学。这个运动有两个要点与那些白话或字母的运动绝不相同。第一,这个运动没有"他们""我们"的区别。白话并不单是"开通民智"的工具,白话乃是创造中国文学的唯一工具。白话不是只配抛给狗吃的一块骨头,乃是我们全国人都该赏识的一件好宝贝。第二,这个运动老老实实的攻击古文的权威,认他做"死文学"。从前那些白话报的运动和字母的运动,虽然承认古文难懂,但他们总觉得"我们上等社会的人是不怕难的;吃得苦中苦,方为人上人"。这些"人上人"大发慈悲心,哀念小百姓无知无识,故降格做点通俗文章给他们看。但这些"人上人"自己仍旧应该努力模仿汉魏唐宋的文章。这个文学革命便不同了;他们说,古文死了二千年了,他的不孝子孙瞒住大家,不肯替他发丧举哀;现在我们来替他正式发讣文,报告天下"古文死了!死了两千年了!你们爱举哀的,请举哀罢!爱庆祝的,也请庆祝罢!"①

"白话文学"的提出是相较于文学概念界定与文体分类更为深刻的变化。以白话为正宗,相较于此前的文言书面文学,无疑是一种"新文学"。语言变革的背后隐藏着深刻的现代性意味。解放、自由、平等、人性等现代性的内容与意识均由此打开大门。

第三节 人的文学:精神重塑

胡适以"一时代有一时代之文学"的进化论为依据,以"白话文学""国语文学"为口号发动文学革命。这两个口号在某种程度上虽都言明了新文学的某种性质甚至是特质,尤其是"国语文学"指出了新文学所操之工具和如何建设新文学的途径,并在很大程度上得到了其他新文学建

---

① 姜义华主编:《胡适学术文集·新文学运动》,北京:中华书局,1993年,第149页。

设者的赞同，但并没有确认"新文学"（现代文学）的具体内涵和外延，未能完整而清晰地指出 20 世纪中国文学应是什么样的文学。胡适对于现代文学的内容层面是回避的。就像《剑桥中华民国史》里指出的那样，"虽然胡适不厌其烦地阐述了语言工具和文学技巧，但他对他建设性建议最关键的部分——新文学的思想内容——却不置一词。和陈独秀不同，胡适不大愿意就他所认为的中国现代读者最理想的新文学类型，作详细的说明（不管怎么笼统的说明）。这可能是由于胡适比陈独秀更少成见，不那么固执己见。但是更可能的是，他根本没有兴趣，因为对他来说，文学革命实质上是一场语言方面的革命"①。在胡适那里，"新文学"只是白话文学。胡适说："我也知道光有白话算不得新文学，我也知道新文学必须有新思想和新精神。但是我认定了：无论如何，死文字决不能产生活文学。若要造一种活的文学，必须有活的工具。那已产生的白话小说词曲，都可证明白话是最配做中国活文学的工具的。我们必须先把这个工具抬高起来，使它成为公认的中国文学工具，使它完全替代那半死的或全死的老工具。有了新工具，我们方才谈得到新思想和新精神等等其他方面。"② 他在《历史的文学观念论》中指出："至于今日之文学与今后之文学究竟当为何物，则全系于吾辈之眼光识力与笔力，而非一二人所能逆料也。"③

  用"白话"来指称"新文学"，确实可以概括文学革命以来"新文学"所有文学类型的共性，也可以一目了然地区别文言文学。但是，白话文毕竟只是文学的工具、载体，只是文学形式的一个基础方面。仅此是否完全足够代表"新文学"的"新"（或者说"现代文学"的"现代"）？按照胡适的观点，白话文学早已有之，明清至民初为盛，那么明

---

① 费正清编：《剑桥中华民国史》上卷，北京：中国社会科学出版社，1994 年，第 526 页。
② 胡适：《逼上梁山》，姜义华主编《胡适学术文集·新文学运动》，北京：中华书局，1993 年，第 219 页。
③ 胡适：《历史的文学观念论》，姜义华主编《胡适学术文集·新文学运动》，北京：中华书局，1993 年，第 107 页。

清至民初以来大量的白话通俗小说，为什么不是"新文学"？而"尽量采用明清小说中的白话，不够用则用今日的白话来补助，必要时适当地用文言来补助"①的白话"新文学"又有何"新"意？

而且也许更为严重的问题是，当"白话"变成"国语"，不就成了标准的、规范的、书面的语言系统，不就不再是民间生动的、鲜活的、丰富的口语了吗？岂不要成为新的"文言文"？这一可能性，周作人在《国语文学谈》（1925年）中早已隐约地提及。按照周作人的意思，"国语"应该有两种语体，一种是普通说话的口语，一种是用来写文章的文章语，文言文（古文）实际上就是以前的"国语"；胡适所批判的古文的毛病在白话文里同样可能存在。这一点在后来20世纪30年代的大众文艺运动时被很尖锐地提出来了。② 在《中国新文学的源流》中，周作人再次反对胡适的文言白话死活之论，"我以为古文和白话并没有严格界限，因此死活也难分"③。如果说胡适把白话文学史的源头推到1800年以前是自我否定了"新文学"与整个古典时代全部文学的断裂，那么周作人则更进了一步，"新文学"甚至与它的敌人——"半死"或"已死"的"文言文"也不存在断裂关系。这就说明，仅停留在语言形式上，"新文学"（现代文学）的合法性就仍有可以置疑的地方。

仅仅是语言的变革，不能完全揭示新文学的"新"特质。新文学不仅要从语言形式的层面，还要从思想内容、精神品格上创造崭新的气象。语言的变革必然会引起思想的变革，而思想的变革才是语言变革成功的证明。实际上注意到这一点的大有人在，如李大钊就指出："光是用白话作的文章，算不得新文学；光是介绍点新学说、新事实，叙述点新人物，

---

① 胡适：《建设的文学革命论》，姜义华主编《胡适学术文集·新文学运动》，北京：中华书局，1993年，第44页。

② 周作人：《国语文学谈》，杨扬编《周作人批评文集》，珠海：珠海出版社，1998年，第211页。

③ 周作人：《中国新文学的源流》，南京：江苏文艺出版社，2007年，第58页。

罗列点新名词,也算不得新文学。"① 显然,什么是"新文学"的"新",仅用"白话"或"国语"是不够解释的;仅有工具、形式,没有内容、精神等其他的因素,"新文学"的合法性地位就不能说绝对地建立起来了。

不过,正因为胡适没有对文学的范围进行具体的确定,才使得中国新文学发展能够有较大的灵活性和较广的生存空间,为中国新文学的建设留出了宝贵的拓展余地和伸缩空间。

实际上,在胡适反复证明白话文学的重要性、合法性的同时,新文学倡导者们对于新的文学应该具备的思想内容精神品格的阐发与规定也在进行之中。

胡适虽说对新文学的内容方面一点也不热衷,但实际上也不可避免地提及一些。比如,其"八事"中的"不作无病之呻吟""不摹仿古人""须言之有物"就是从精神内容的角度而言的。只是胡适对此不以为然:"我们开始也曾顾到文学的内容的改革。例如玄同先生和我讨论中国小说的长信,就是文学内容革新的讨论。但当那个时候,我们还没有法子谈到新文学应该有怎样的内容。……所以在那个贫乏的时期,我们实在不配谈文学内容的革新,因为文学内容是不能悬空谈的,悬空谈了也决不会发生有力的影响。例如我在《文学改良刍议》里曾说文学必须有'高远之理想','真挚之情感',那就是悬空谈文学内容了。"②

有意提倡新文学内容的首推陈独秀,其在《文学革命论》中提出"三大主义":推倒雕琢的阿谀的贵族文学,建设平易的抒情的国民文学;推倒陈腐的铺张的古典文学,建设新鲜的立诚的写实文学;推倒迂晦的艰涩的山林文学,建设明了的通俗的社会文学。既有形式又有内容,更重要的是把文学革命引向了反封建的思想革命。但是,陈独秀并不是文

---

① 李大钊:《什么是新文学》,王运熙主编《中国文论选》现代卷(上),南京:江苏文艺出版社,1996年,第142页。
② 胡适:《中国新文学大系(第一集)·导言》,姜义华主编《胡适学术文集·新文学运动》,北京:中华书局,1993年,第255—256页。

学家，其兴趣也不在文学上，只是口号性地提出了"三大主义"，并未做具体深入的学理阐发使其落到实处。

在理论上对空白进行填补的重任首先被周作人挑了起来。

周作人一般被视为"文学革命"第三人，新文学理论建设的重头人物，他是非常重视新文学的内容的。他对新文学采用白话的理解和胡适恰好是反的。他认为，因为要言志，所以用白话；因为现代人的思想上有了很大的变化，所以须用白话。也就是说，因为文学的思想内容发生了变化，所以文学的语言才要变化。

那么，新文学的新的思想内容是什么呢？"文学革命"时期，周作人提出"人的文学"和"平民的文学"两个最著名命题，这是在给新文学注入精神性的东西。胡适专注于文学形式，主要是语言工具方面，对新文学的思想内容并未发表多少看法。但是，一种新的文学的诞生，特别是它又承担着新的文化的建设任务，不可能没有思想内容方面的革命。在这一方面，陈独秀在他的"三大主义"中已经提出，而周作人做的则是更为具体的工作。"人的文学""平民的文学"无疑有着更为具体的目标指向。

什么是"人的文学"？周作人在《人的文学》《平民的文学》《新文学的要求》和《贵族的与平民的》等系列文章中都做了不同角度的阐发。概而言之，用周作人的话来说，"用这人道主义为本，对于人生诸问题，加以记录研究的文字，便谓之人的文学"[①]。

对于这里的"人道主义"，周作人特别声明"并非世间所谓'悲天悯人'或'博施济众'的慈善主义"，而是"一种个人主义的人间本位主义"[②]。也就是以个人主义为基点，求整个人类的共同发展。周作人说，"彼此都是人类，却又各是人类的一个。所以须营一种利己而又利他，利

[①] 周作人：《人的文学》，杨扬编《周作人批评文集》，珠海：珠海出版社，1998年，第32页。

[②] 周作人：《人的文学》，杨扬编《周作人批评文集》，珠海：珠海出版社，1998年，第32页。

他即是利己的生活"①。"我说的人道主义，是从个人做起。要讲人道，爱人类，便须先使自己有人的资格，占得人的位置。"②

而这种个人主义又是建立在"灵肉统一"的自然人性基础上。周作人指出，人是一种动物，又是进化的动物；因为是动物，就要相信人的一切生活本能都是美的善的，应得完全满足；又因为是进化的动物，所以有向上改善生活的愿望，也应该得到满足。这样的"灵肉结合""兽性与神性的结合"就是"人性"。③

"五四"是一个思想解放的时代，崇拜个性、崇拜自我已经成为一种时代思潮，人的精神、自我的意识、个性的独立自由，是那个时代的最强音。"人的觉醒与个性解放是这个时代最强大的文化口号，以现代的语言表现现代人的思想与生活，严肃认真地探索人生问题，抒发觉醒后的个人的自然情感，肯定人的基于生理需求的正当欲望，是这个时期文学创作的原动力。"④ "人的文学"的提出，既是周作人个人思想的体现，也是时代精神在文学上的重大投影，更标志着一种新的文学意识的产生。

"人的文学"无疑是影响深远的，为新文学确立自身的现代性打下了坚实的基础。胡适视"人的文学"为"新文学"的两个中心之一，郁达夫也在《中国新文学大系》的《散文二集·导言》中说"五四运动的最大成功，第一要算'个人'的发现"⑤。

周作人提出"人的文学"，开始思考现代文学的内容，符合时代的精神。但是，"时代"的内涵既抽象又丰富，周作人也只是取了其中的一个方面。他的思考会影响很多人，但不能代替别人的思考，接受中会有补

---

① 周作人：《人的文学》，杨扬编《周作人批评文集》，珠海：珠海出版社，1998年，第31页。
② 周作人：《人的文学》，杨扬编《周作人批评文集》，珠海：珠海出版社，1998年，第32页。
③ 周作人：《人的文学》，杨扬编《周作人批评文集》，珠海：珠海出版社，1998年，第30—31页。
④ 李杨：《文学史写作中的现代性问题》，太原：山西教育出版社，2006年，第148页。
⑤ 郁达夫：《中国新文学大系·散文二集·导言》，《郁达夫文论集》，杭州：浙江文艺出版社，1985年，第655页。

充、转化、误读、偏离，甚至质疑、否定，从而在"人的文学"这一命题下呈现不同的流向。

第四节 平民文学：品格定位

新文学之初，有一种通俗的倾向。白话文学的提出，本身隐含了通俗化的趋势，使之前脱离民众的"雅文学"能"通于俗"，承担起了启蒙民众的伟大神圣时代任务，这是新文学产生及获得支持的第一原因。"这一运动一开始，就存在这样的想法，利用通俗形式来表达启蒙的新信息……"①

陈独秀在《文学革命论》中提出"三大主义"："曰，推倒雕琢的阿谀的贵族文学，建设平易的抒情的国民文学；曰，推倒陈腐的铺张的古典文学，建设新鲜的立诚的写实文学；曰，推倒迂晦的艰涩的山林文学，建设明了的通俗的社会文学。"② 其中，"平易""明了""通俗"显然有使新文学通俗化的指向，而他赞慕"国风多里巷猥词，楚辞盛用土语方物"，也能说明这一点。

胡适在文学革命前的1916年7月13日，在日记中写道："以为文学在今日不当为少数文人之私产，而当以能普及最大多数之国人为一大能事。"③ 在《文学改良刍议》中，他提出"不避俗语俗字"，肯定"通俗行远之文学"，并名之为"活文学"，包含着对新文学以其通俗浅近的风格走近平民的期望。胡适曾解释"白话文学"中的"白话"有三个意思："一是戏台上说白的'白'，就是说得出、听得懂的话；二是清白的

---

① 费正清编：《剑桥中华民国史》上卷，北京：中国社会科学出版社，1994年，第489页。
② 陈独秀：《文学革命论》，王运熙、许道明《中国文论选》现代卷（上），南京：江苏文艺出版社，1996年，第11页。
③ 胡适：《觐庄对余新文学主张之非难》，姜义华主编《胡适学术文集·新文学运动》，北京：中华书局，1993年，第9页。

'白',就是不加粉饰的话;三是明白的'白',就是明白晓畅的话。"①这些基本上都是从"通俗"的角度立论的。

再往后,文学"大众化"的口号的提出,也是这一倾向的鲜明体现。

但是,白话文学运动和国语运动的最终目的是启蒙,是推动现代民族国家的建立,有着严肃、崇高、深刻的内容意识和精神品格,因此现代文学不可能真正走向"俗",反而具有了精英之气。"启蒙"在中国是一种精英理念与精英行为。在西方,启蒙本来是从世俗的市民社会自下而上产生的,即康德所谓的"运用你的理智"是每一个人的"自我启蒙",从愚昧的黑暗中"自我照亮";但是到了中国,其成为知识精英从外部灌输知识给国民的教育行为,类似中国传统的"教化",这里面的精英意识不言而喻。

因此,新文学在其精神品格或者说气质追求上出现了由"俗"向"雅"的转变。

第一,在语言工具上,新文学本是"不避俗语俗字",以通俗浅近的"白话"为本。但是,新型的"白话"究竟是什么样子?周作人说:"以口语为基本,再加上欧化语,古文,方言等分子,杂糅调和,适宜地或吝啬地安排起来,有知识与趣味的两重统制,才可以造出有雅致的俗语文来。"② 显然,"俗"的白话回归了"雅"的道路。特别是语言的欧化,直到今天还饱受责难。瞿秋白指出,五四新文学由于所使用的语言不是平民的语言,因此它与平民是分离的。"五四的新文化运动,对于民众仿佛是白费了似的!五四式的新文言(所谓白话)的文学,只是替欧化的绅商换了胃口的鱼翅酒席,劳动民众是没有福气吃的。为什么?因为中国的封建残余——等级制度的统治,特别在文化生活上表现得格外明显。以前,绅士用文言,绅士有书面的文字;平民用白话,平民简直没有文

---

① 胡适:《白话文学史》,《胡适文集》第8卷,北京:北京大学出版社,1998年,第175页。

② 周作人:《〈燕知草〉跋》,扬扬编《周作人批评文集》,珠海:珠海出版社,1998年,第239页。

字，只能够用绅士文字的渣滓。现在，绅士之中有一部分欧化了，他们创造了一种欧化的新文言；而平民，仍旧只能够用绅士文字的渣滓。现在，平民群众不能了解所谓新文艺的作品，和以前的平民不能够了解诗古文词一样。"①

第二，在文类上，新文学则是对当时的通俗文学痛下杀手。按照我们今天的理解，晚清以来的白话文学应该是新文学的同盟军，至少新文学之所以能很快被接受，是因为晚清白话文学打下的基础。但是，恰恰是新文学将晚清以来的白话小说特别是以鸳鸯蝴蝶派为代表的通俗小说视为新文学发展的最大敌人。从批判鸳鸯蝴蝶派到批判海派，中国现代文学一直排斥着通俗文学。主张通俗，却又不屑与通俗文学为伍，说明新文学有着更为崇高的追求，先锋意识、精英意识压倒了通俗意识。

第三，也是最重要的一点，那就是对"平民的与贵族的"的关系理解。新文学作家在文学的雅俗品格上的悖论心态，在有关"平民文学"的理解上得到最鲜明集中的体现。

"平民"是五四时期的热门词汇之一，一直到20世纪三四十年代后被"人民"取代。"平民"最基本的词义是指普通民众，故有"平民百姓"之称谓。相应地，"平民文学"也是文学界的一个热门名词，但是对"平民文学"的内涵理解却没有共识。胡适讲"平民文学"，是指古已有之的来自民间的文学，本质在于"民间性"；鲁迅理解的"平民文学"，则是指革命胜利工农解放后真正体现工农思想的文学，含有一定的阶级性。周作人明确阐述了"平民文学"的概念，并把它作为新文学的一个具体主张。

在《平民的文学》一文中，周作人指出：

> 我们说贵族的平民的，并非说这种文学是专做给贵族或平民看，专讲贵族或平民的生活，或是贵族或平民自己做的，不

---

① 瞿秋白：《大众文艺的问题》，《文学月报》1932年6月10日创刊号。

过说文学的精神的区别,指他普遍与否,真挚与否的区别。①

这段话说明:"平民文学"不一定要平民创造,它在作者方面没有规定;"平民文学"也不是专写给平民看的,它在接受者方面没有规定;"平民文学"也不一定是写平民生活的,在作品题材方面也没有规定。那么,"平民文学"的关键在哪里呢?关键在作品的品格。

所谓贵族的文学,在形式上,就是"偏于部分的、修饰的、享乐的、游戏的"②。这种情形不一定是古文的,虽然在古文中偏多,"但白话也未尝不可雕琢,造成一部分的修饰的享乐的游戏的文学,那便是虽用白话,也仍然是贵族的文学"③。

那么,怎样的才是"平民文学"呢?周作人认为,与"贵族文学"的偏于部分、修饰、享乐、游戏相对,"平民文学"是"内容充实""普遍"与"真挚"的文学。所谓"普遍",就是"应以普通的文体,写普遍的思想与事实","不必记英雄豪杰的事业,才子佳人的幸福,只应记载世间普通男女的悲欢成败"④。所谓"真挚",就是说"平民文学应以真挚的文体,记真挚的思想与事实。既不坐在上面,自命为才子佳人,又不立在下风,颂扬英雄豪杰。只自认是人类中的一个单体,浑在人类中间,人类的事,便是我的事"⑤,"只须以真为主,美即在其中"⑥。

周作人特别强调,"平民文学"不是通俗文学,不是专做给平民看的,是"研究平民生活——人的生活——的文学","他的目的,并非将

---

① 周作人:《平民的文学》,杨扬编《周作人批评文集》,珠海:珠海出版社,1998年,第38页。
② 周作人:《平民的文学》,杨扬编《周作人批评文集》,珠海:珠海出版社,1998年,第38页。
③ 周作人:《平民的文学》,杨扬编《周作人批评文集》,珠海:珠海出版社,1998年,第38—39页。
④ 周作人:《平民的文学》,杨扬编《周作人批评文集》,珠海:珠海出版社,1998年,第39页。
⑤ 周作人:《平民的文学》,杨扬编《周作人批评文集》,珠海:珠海出版社,1998年,第39页。
⑥ 周作人:《平民的文学》,杨扬编《周作人批评文集》,珠海:珠海出版社,1998年,第40页。

人类的思想、趣味,竭力按下,同平民一样,乃是将平民的生活提高,得到适当的一个地位"。① 这是对文学的品位有一定的高要求。

他又特别强调,平民文学绝不是慈善主义的文学,不是对平民施舍同情的"慈善主义的文学",而是"研究全体的人的生活,如何能够改进,到正当的方向"的文学。在这里,延续和呼应了他的"人的文学"的思考。

在《贵族的与平民的》一文中,周作人调整了一些思想。在这篇文章中,不再将"平民的"与"贵族的"对立起来作此是彼非的二元判断:"我们离开了实际的社会问题,只就文艺上说,贵族的与平民的精神,都是人的表现,不能指定谁是谁非"②,"在文艺上可以假定有贵族的与平民的这两种精神,但只是对于人生的两样态度,是人类共通的"③;并且强调了二者的互补:"我想文艺当以平民的精神为基调,再加以贵族的洗礼,这才能够造成真正的人的文学","从文艺上说来,最好的事是平民的贵族化……"④

周作人对这一看法的调整,既体现了其对于文学规律的认识的深化,即文学应该对于现世和世俗有所超越,也有避免平民文学主张被政治化的意图。他认为,不应当也不可能在文艺上拿社会阶级上的贵族与平民这两个称号来划分出两种阶级的作品。

在《中国戏剧的三条路》中,他也没有忘记"平民文学",但已不认为它应是唯一的或最主要的文学了。他申言:"我相信趣味不会平等,艺术不能统一,使新剧去迎合群众与使旧剧来附和新潮,都是致命的方剂,

---

① 周作人:《平民的文学》,杨扬编《周作人批评文集》,珠海:珠海出版社,1998年,第40页。

② 周作人:《贵族的与平民的》,杨扬编《周作人批评文集》,珠海:珠海出版社,1998年,第47页。

③ 周作人:《贵族的与平民的》,杨扬编《周作人批评文集》,珠海:珠海出版社,1998年,第48页。

④ 周作人:《贵族的与平民的》,杨扬编《周作人批评文集》,珠海:珠海出版社,1998年,第49页。

走不通的死路。我们平常不承认什么正宗或统一，但是无形中总不免还有这样思想。近来讲到文艺，必定反对贵族的而提倡平民的，便是一个明证。""现在如必要指定一派为正宗，只承认知识阶级有这特权，固然不很妥当，但一切以老百姓为标准，思想非老百姓所懂者不用，言语非老百姓所说者不写，那也未免太偏一点了。"言下之意是，贵族的与平民的应当共存。①

与周作人观点比较接近的还有康白情：

> "平民的诗"，是理想，是主义；而"诗是贵族的"，却是事实，是真理。怎么说呢？艺术冲动底起，必得当人生底静观底时候。我们正役心于人生底奋斗，必不能作诗。……大多数的人是终日奋斗的，我们不能使大多数的人作诗，足证诗底起源是贵族的了。又审美观念底起，也必得当人生底静观底时候。我们正役心于人生底奋斗，必不能作艺术底鉴赏。……大多数，大多数的人是终日奋斗的。我们不能使大多数的人都得诗底享乐，足证诗底效用又是贵族的了。而从历史上观察，社会是进化的；但诗也是进化的。大多数的人文化程度增高，少数人底文化程度更增高了。我们没有法子齐自然底不平等，那么据过去算将来，诗又有十之八九是贵族的了。②

王独清、梁宗岱、梁实秋等人从文学创作规律的角度指出文学的超越性：

> 不但诗是最忌说明，诗人也是最忌人了解！求人了解的诗人，只是一种迎合妇孺的卖唱者，不能算是纯粹的诗人！若果诗人的诗篇引动了民众底鼓掌，那只是民众偶然能相当的了解

---

① 周作人：《中国戏剧的三条路》，杨扬编《周作人批评文集》，珠海：珠海出版社，1998年，第112页。
② 康白情：《新诗底我见》，王运熙、沙似鹏《中国文论选》现代卷（上），南京：江苏文艺出版社，1996年，第160—161页。

诗人底诗篇，却并不是诗人故意求民众了解。①

梵乐希（保罗·瓦雷里——引者注）曾经说过："有些作品是被读众创造的，另一种却创造它底读众。"意思是一种是投合读众底口味的，另一种却提高他们的口味，教他们爱食他们所不喜欢的东西。如果把这意思应用在文学底用语上，那么，就是为民众设想，与其降低我们底工具去迁就民众，何如改善他们底工具，以提高他们底程度呢？②

伟大的文学者，必先不为群众的胃口所囿，超出时代的喧嚣，然后才能产生冷静的审慎的严重的作品。……创作家所当顾虑的，不是群众的议论与嗜好，而别有超出环境的标准在。③

其实"大多数的文学"这个名词，本身就是一个名词的矛盾——大多数就没有文学，文学就不是大多数的。……"大多数的文学"是一个没有意义的名词。④

好的作品永远是少数人的专利品。大多数永远是蠢的，永远是与文学无缘的……为大多数人读的文学必是逢迎群众的，必是俯就的，必是浅薄的。⑤

---

① 王独清：《再谈诗》，王运熙、沙似鹏《中国文论选》现代卷（上），南京：江苏文艺出版社，1996年，第463页。
② 梁宗岱：《文坛往哪里去——"用什么话"问题》，《梁宗岱文集》第2卷，北京：中央编译出版社，2003年，第58页。
③ 梁实秋：《文学的纪律》，徐静波编《梁实秋批评文集》，珠海：珠海出版社，1998年，第99—100页。
④ 梁实秋：《文学与革命》，徐静波编《梁实秋批评文集》，珠海：珠海出版社，1998年，第133—134页。
⑤ 梁实秋：《文学是有阶级性的吗？》，徐静波编《梁实秋批评文集》，珠海：珠海出版社，1998年，第142页。

在现代文学史上,在"平民的与贵族的"问题上坚持"平民品格"的作家也大有人在,后来的老舍、赵树理等作家姑且不论,就五四时期而言,俞平伯是一个代表:

> 我们愿意,盼望,使诗歌充分受着民众化。诗是贵族的这句话,在现今情形底下我是承认的,但我却不敢断说永远是如此。①

> 我不承认周启明先生所主张的平民文学和通俗文学底区别。我以为凡诗能以平民底生活做题材的,除例外情形不计外,当然大部分应为平民所了解。平民的诗和通俗的诗根本上是二而一的,不过同义异形两个名词罢了。②

俞平伯认为诗应当是平民的,不承认"诗必须是贵族的"并批评这种说法。他承认,在当前,诗有贵族化的色彩,这是因为文字的障碍、教育的不能普及、社会制度的不平等造成大多数人不能接近文学,加上诗人们的诗本身总是带有贵族化倾向。但是,"我们底诗虽是贵族的,但诗底本体未必跟着也是贵族的"③。这种现象"不但可以改变,而且应当改变","因为文艺渐渐地'特殊化',已经超过了适当的分际,向着衰落底路途了"。"我们所要问的,不仅仅是'是什么?'且要问'应该是什么?'对于不正当的趋势,只有反抗,没有依从。我们应当竭我们所有底力,去破坏特殊阶级底艺术,而建设全人类底艺术。"④

俞平伯认为,怎样去实现这个计划,大体不外乎两个方面。一是社会制度的改造,二是文学的改造。前者须大家努力去做,不是几个文人

---

① 俞平伯:《诗底进化的还原论》,王运熙、沙似鹏《中国文论选》现代卷(上),南京:江苏文艺出版社,1996年,第224页。
② 俞平伯:《诗底进化的还原论》,王运熙、沙似鹏:《中国文论选》现代卷(上),南京:江苏文艺出版社,1996年,第232页。
③ 俞平伯:《诗底进化的还原论》,王运熙、沙似鹏《中国文论选》现代卷(上),南京:江苏文艺出版社,1996年,第234页。
④ 俞平伯:《诗底进化的还原论》,王运熙、沙似鹏《中国文论选》现代卷(上),南京:江苏文艺出版社,1996年,第235页。

就能容易达到的；后者则是文人的专责。即使社会的改造不容易展开，文学的改造也可以先行，因为文学是指导人们的行动的，文学的改造可以影响社会的改造。那么，就诗论诗，俞平伯认为，新诗材料须探取平民的生活，民间的传说、故事，并且风格也是要平民的才好。风格改变很难，但不得因畏难而不努力，除了模仿吸收民间文学的灵魂，最重要的最要学的就是实现平民的生活。

总之，俞平伯认为，诗应该是平民的，平民性是诗的主要素质。原始的诗本来就是平民的，现今带有贵族性的好诗也含有平民的素质，将来的诗也应该是平民的，应该沿着胡适的用白话作诗的方向更进一步，将诗还原民间，还原于平民。

"平民文学"的提出，是对抽象的西化的"人的文学"的落实，对新文学的发展产生了深远影响。但值得注意的是，"平民文学"并没有形成真正的共识。从上文我们就可以看出，胡适、鲁迅、周作人以及俞平伯、刘半农、康白情等人对"平民文学"的理解与阐发都各不相同。因此，用"平民文学"来规定新文学也只能使"新文学"成为一个似是而非、充满歧义的混沌之物，成为一个纠合着各种意义的矛盾体。

尽管因为周作人的声望，他的这些理论文章一直被奉为权威，然而来自新文学阵营内部的质疑声音并非没有。从上面我们就可以看出，即使是文学革命的几个先驱之间也是意见不一致的，文学革命一开始就存在内部的分歧，这就使得"新文学"从诞生之日起并未获得一个绝对明确的定位。这一分歧在所谓的"五四"退潮、"新文化阵营分化"之后显得更加明显和尖锐。

第五节 走向"现代"

因为新文学是一个突然发生并正在进行的过程，所以并无成熟的固定的文学观念，新文学意识相当复杂。新文学的命名也是层出不穷：除了"白话文学""人的文学""平民文学""革命文学"这几个影响深远的命名外，1917年之后的现代文学还陆续有"国民文学""写实文学""社会文学""活的文学""无产阶级艺术""社会主义文学""无产阶级的社会主义的写实主义的文学"等名号，不一而足。

　　这种不断地命名，表明了现代文学意识不断调整的过程。现代文学是一个新事物，它的性质并不是不证自明或不言而喻的，它必须体现为一个不断探索、不断阐释的过程。预设必然空洞，命名必然简化，因而在随后而来的真正的文学实践中必然会碰到很多的新问题，需要对之前的预设与命名做更进一步的阐释乃至修正。这个过程使我们看到，"什么是现代文学"或者"什么是新文学"之类的问题并非一个普遍的命题；相反，这是一个在知识话语的生产中不断修改、调整与建构的历史的命题。但是，"这个现代文学一经确立起来，其'起源'便被忘却了，忘却的结果使人们相信其中的基本观念如理性、主体、内在精神、个性自我、写实主义、浪漫主义等等都具有历史主义普世性，贯彻古今而不证自明，放之四海皆准。不证自明的霸权地位确立之后，则排斥一切非现代性的东西"①。

　　在这个过程中，"现代文学"或者说"新文学"的内涵与边界不断在发生变化，时而变得清晰，时而复归模糊。但不管怎么样，在这些不断阐释的过程中，有一点是清晰的，那就是现代文学的"现代性"意识与特征越来越得到彰显。新的命名，意味着对旧名称的否定或扬弃，"新"与"旧"的划分，使得中国文学不仅在"实在"上，而且在观念上有了一个从"古典"到"现代"的转换。通过这样的一个阐释过程，现代文学从时间意义上的"现代"成为价值观意义上的"现代性"。

　　这种不断地命名，实际上也是不断地强化立场，开始是划清新旧文学的界限，然后在"新文学"内部划清"落后"的文学（曾经的新文学）

---

① 赵京华：《译者后记》，《日本现代文学的起源》，北京：生活·读书·新知三联书店，2006年，第265页。

和"进步"的文学（其时的新文学）之间的界限。由此，新文学是什么，应该是什么，不断在古今对照中得到阐明。在与古代文学和世界文学的参照对比中，新文学不断强化其国民性、民族性、世界性，体现出广阔的思想视野和"睁眼看世界"融入世界潮流的精神。这就是新文学的"新"，这就是现代文学的"现代"。

通过对"文学"的不断重新命名，不断确定和规定现代文学，现代作家们获得了新的身份认定。现代作家从传统的文人转变为现代知识分子，承担起新的历史使命。茅盾就在《现在文学家的责任是什么》《新文学研究者的责任与努力》《告有志研究文学者》《文学者的新使命》等几篇文章中反复强调新文学作家的现代使命。

这种自我历史规定反过来又会限制新知识者的现代文学意识的更新，成为一种新的束缚，使得当某些作家试图疏离这种规定时，不免遭到大多数人的指责。周作人从"叛徒"到"隐士"的转变，就让很多人不屑与不满，说明了这一问题。

正如黄平所论："作为观念的创造者与阐释者，知识分子的品质的确在一定程度上不只是受制于自己所处的体制以及由此产生的种种制度和规则，他们的确更有可能通过自己所创造、所阐释的思想去表现并且规定自己，从而使自己具有一定的超越能力，尽管这种超越决不可能离开制度与话语环境而实现。"[①] 现代作家正是"在这种特定的环境条件下，通过自己的有意图有目的的互动行动，加入到规则的确立和遵从、话语的主导与认同之中的。"[②]

---

① 黄平：《有目的之行动与未预期之后果——中国知识分子在50年代的经历探源》，许纪霖《20世纪中国知识分子史论》，北京：新星出版社，2005年，第408页。
② 黄平：《有目的之行动与未预期之后果——中国知识分子在50年代的经历探源》，许纪霖《20世纪中国知识分子史论》，北京：新星出版社，2005年，第422页。

第二章　从"问题"到"主义"：现代作家批评的文学价值观（上）

如何建设新文学？新文学该向哪里去？这是"文学革命"口号提出之后，新文学作家以及新文学的支持者急需解答的命题。

1919年7月，胡适在《每周评论》第31期上发表《多研究些问题，少谈些"主义"》一文，引起关于"问题与主义"的论争，成为新文化统一战线开始分化的一个标志。其实，把"问题与主义"借用到新文学的建设发展上来，也是很贴切不过的。新文学的建设发展，正面临着许许多多的具体问题，而靠"主义"解决问题的思想普遍存在于作家们的意识之中，而且文学主张中的"主义"本身也正在从文学的范畴渐渐转向政治的范畴。

如果要简化，可以说新文学面临的问题主要有两个：一是新文学如何确立自己的美学合法性；二是如何处理文学与功利、政治之间的关系。所有的问题都可以由二者生发，而"主义"的理路也蕴含其中。

实际上，从"新文学"诞生之日起，无论是创作还是批评都在这两个维度上努力着，一是文学作为文学自身的书写实践（探索）；二是突破纯文学的界限，在更广阔的政治思想空间确立自身的特质与地位。一部分人致力于在"文学"自身的范畴内进行美的探索，在"美"的层面实现"现代性"建构；而另一部分人在把文学放置在更为广阔的思想文化、社会政治的空间里寻求其"现代性"。两种"现代性"努力，时而对立冲突，时而交错渗透，最终共同完成了中国现代文学的现代品格的塑造。

第一节　纯文学的追求：文学的自律论

通过对"文学"的现代界说，现代文学作家不仅因其作家身份天然地具备创作"文学性"的本能，更借此获得了对"文学性"的理性认知和自觉意识。现代文学首先必须是"文学"，必须具备以情感、想象、美为中心的"文学性"，这一点已经成为现代文学作家的共同信仰，成为他们进行写作和批评的深层原型心理。这样，自"五四"开始，随着现代的"文学"概念的确立，一个新的"文学自觉"的时代就开始了。历史似乎与魏晋南北朝相映生辉，但不同的是，这一次主要不是根植于中国文学自身的"内源性发展"（endogenous development），而是世界文化背景之下中西文学观念碰撞与交融之后的中国文学的现代性嬗变。这个"文学自觉"也被后来者表述为"文学的启蒙"。

除了具体的文学创作实践，在现代作家批评的角度，"文学的自觉"表现为紧密相关而又有所区别的两个方面：一是强调审美意识、追求形式美和自我表现的文学纯粹论；二是要求创作自由的文学独立论。纯粹论和独立论是一个问题的两面，相交相通又有所侧重。

一、文学纯粹论

文学纯粹论主要从强调审美意识、追求形式美和自我表现等角度来描述"文学自觉"的观念。陈思和认为，"文学的启蒙"是指"新文学的文体革命过程，也即是审美观念的变革过程，用白话建构起一种新的审美精神，它摆脱了传统文学中'文以载道''圣贤立言'的陈腐观念，使文学与人的自觉联系起来，在现代意义上重新界定何为文学"[①]，"它的

[①] 陈思和：《中国新文学发展中的两种启蒙传统》，《陈思和自选集》，桂林：广西师范大学出版社，1997年，第31页。

旨意在于建设起 20 世纪的美感形式与审美精神，启发读者对美的敏感与重新发现，进而提高和更新民族的审美素质"①。这是从文学的审美纯粹论角度做的阐释。

在现代文学史上，最早对文学审美纯粹性积极鼓吹的恐怕就是主张"为艺术而艺术"的创造社的那批作家了。

郭沫若说："创作家于其创作时，苟兢兢焉为功利之见所拘，其所成之作品必浅薄肤陋而不能深刻动人，艺术且不成，不能更进论其为是否'社会的'与'非社会的'了"②，"真正的艺术品当然是由于纯粹充实了的主观产出"③，"艺术是自我的表现，是艺术家的一种内在冲动的不得不尔的表现"，"自我表现的精神和澄清自我的倾向，这是艺术家的两种必要的努力"。④

郑伯奇指出："'人生派'把艺术看作一种工具，想利用宣传主义，那是他们的根本错误"，"艺术家对于那些'劝善戒恶''有功于世道人心'的话头，完全超越的。他们唯一的责任，就是忠实于自己，忠实于自己的艺术"，"在艺术的王国里，只有艺术至上主义，其他的主义都不能成立"⑤。"文艺也如春日的花草，乃艺术家内心之智慧的表现。诗人写一篇文章，音乐家谱出一个曲，画家绘成一幅画，都是他们天才的自然流露：如一阵春风吹过池面所生的微波，应该说没有所谓目的"，"艺术的本身上是无所谓目的的"。⑥

郁达夫说：

> 小说在艺术上的价值，可以以真和美的两条件来决定。若

---

① 陈思和：《中国新文学发展中的两种启蒙传统》，《陈思和自选集》，桂林：广西师范大学出版社，1997年，第33页。
② 郭沫若：《儿童文学之管见》，《民铎》第2卷第4期，1921年1月15日。
③ 郭沫若：《论国内的评坛及我对于创作上的态度》，《时事新报·学灯》，1922年8月4日。
④ 郭沫若：《印象与表现》，《时事新报·艺术》，1923年12月30日。
⑤ 郑伯奇：《国民文学论》，《创造周刊》第33—35号，1923年12月23日、30日，1924年1月6日。
⑥ 郭沫若：《文艺之社会的使命》，《文艺论集》，北京：人民文学出版社，1979年，第87—88页。

一本小说写得真，写得美，那小说的目的就达到了。至于社会的价值，及伦理的价值，作者在创作的时候，尽可以不管。①

大抵一篇真正的艺术品，不论它是宣传"善"或是赞美"恶"的，只教是成功了的作品，只有使读者投入于它的美的恍惚之中，或觉着愉快，或怀着忧郁，读者于读了的时候，断没有余暇想到道德风化等严肃的问题。②

虽然创造社的作家们未必真的是笼居于象牙塔之内的艺术至上主义者，他们也有对文学之外的社会人生的关心，但是他们的这些表述至少说明了他们对于文学本性的深刻认识，对于艺术的尊重与严肃的态度。

对于接受了西方"纯文学"观念、经历了现代精神洗礼的新文学作家们来说，重视与追求文学的审美性是他们的集体意识，不管是否同时有功利性的纠葛。在现代文学史上，"为人生"还是"为艺术"一直是个令作家们纠结的问题，大多数作家是矛盾的，这是一个很普遍的现象。作为从"五四"中成长的新知识分子，启蒙的功利目的是他们无法忘怀，也不可违背的。"这种对于文学功能的理解有着鲜明的实用倾向，代表了'五四'启蒙思想在一个方面的深入。"③ 但另一面，作为作家，他们也很清楚艺术的重要性，深知文学的自身规律。即使如文学研究会主张"为人生而艺术"、重视思想、重视社会时代背景的作家，对文学的审美本质也是有深刻认识的，无非就是不常挂在嘴上而已。但是，一旦文学的功利性过强，他们也会在审美方面自觉不自觉地做些矫正。

周作人对于文学的特性有着清醒的认识：

我们太要求不朽，想于社会有益，就太抹杀了自己；其实不朽绝不是著作的目的，有益社会也并非著者的义务，只因他

---

① 郁达夫：《小说论》，《艺文私见》，上海：复旦大学出版社，2004年，第51页。
② 郁达夫：《我承认是"失败"了》，《郁达夫文集》第5卷，广州：花城出版社，1982年，第198页。
③ 许道明：《中国现代文学批评史新编》，上海：复旦大学出版社，2002年，第39页。

是这样想，要这样说，这才是一切文艺存在的根据。我们的思想无论如何浅陋，文章如何平凡，但自己觉得要说时便可以大胆的说出来，因为文艺只是自己的表现，所以凡庸的文章正是凡庸的人的真表现，比讲高雅而虚伪的话要诚实的多了。①

真的艺术家本了他的本性与外缘的总合，诚实的表现他的情思，自然的成为有价值的文艺，便是他的效用。功利的批评也有一面的理由，但是过于重视艺术的社会的意义，忽略原来的文艺的性质，他虽声言叫文学家做指导社会的先驱者，实际上容易驱使他们去做侍奉民众的乐人。②

出于对文学艺术性的认知，周作人对于当时新文学界普遍的"为人生"与"为艺术"之争做了自己的辨析，澄清他所提倡的是"人生的艺术"而不是"为人生的艺术"，一字之差，其实质与精神则大不一样：

"为艺术的艺术"将艺术与人生分离，并且将人生附属于艺术，至于如王尔德的提倡人生之艺术化，固然不很妥当；"为人生的艺术"以艺术附属于人生，将艺术当作改造生活的工具而非终极，也何尝不是把艺术与人生分离呢？我以为艺术当然是人生的，因为他本是我们感情生活的表现，叫他怎能与人生分离？"为人生"——于人生有实利，当然也是艺术本有的一种作用，但并非唯一的职务。总之艺术是独立的，却又原来是人性的，所以既不必使他隔离人生，又不必使他服侍人生，只任他成为浑然的人生的艺术便好了。"为艺术"派以个人为艺术的工匠，"为人生"派以艺术为人生的仆役；现在却以个人为主人，表现情思而成艺术，即为其生活之一部，初不为福利他人而作，

---

① 周作人《自己的园地·旧序》，《自己的园地　雨天的书》，长沙：岳麓书社，1987年，第2—3页。

② 周作人：《诗的效用》，《自己的园地　雨天的书》，长沙：岳麓书社，1987年，第17—18页。

而他人接触这艺术，得到一种共鸣与感性，使其精神生活充实而丰富，又即以为实生活的基本；这是人生的艺术的要点，有独立的艺术美与无形的功利。①

> 文艺是人生的，不是为人生的，是个人的，因此也即是人类的；文艺的生命是自由而非平等，是分离而非合并。一切主张倘若与这相背，无论凭了什么神圣的名字，其结果便是破坏文艺的生命，造成呆板虚假的作品，即为本主张颓废的始基。②

而周作人本人的写作也经历了从"叛徒"立场到"隐士"趣味的转变。1922年，周作人宣布要"依了自己的心的倾向"去经营"自己的园地"，声称对"为人生的艺术""有一点意见"，因为它"以艺术为人生的仆役"，强调"艺术是独立的"。③ 周作人在短短几年内就从"叛徒"变成"隐士"，从文学作为文化先锋转到"趣味"的"象牙塔"，除了其自身性格气质的因素外，也是其文学思想观念、文学意识的一种必然体现。

又比如茅盾，他是最强调文学"为人生"功利价值一个作家，但他在强调文学应该为人生、文学应该重视思想的同时，并没有忽略文学的艺术性。他在编《小说月报》时，谈到对新潮小说的要求时说：

> 文学是思想一面的东西，这话是不错的。然而文学的构成，却全靠艺术。同是一个对象，自然派（Natural）去描摹变成为自然主义的文学，神秘派去描摹变成为神秘主义的文学；由此可知欲创造新文学，思想固然重要，艺术更不容忽视。④

他在论及外国文学作品的译介时也说："文学作品虽然不同纯艺术

---

① 周作人：《自己的园地·旧序》，《自己的园地 雨天的书》，长沙：岳麓书社，1987年，第6—7页。
② 周作人：《文艺的统一》，《自己的园地 雨天的书》，长沙：岳麓书社，1987年，第26页。
③ 周作人：《自己的园地》（文），《晨报副镌》1922年1月22日。
④ 茅盾：《小说新潮栏宣言》，《茅盾文艺杂论集》上集，上海：上海文艺出版社，1981年，第6页。

品，然而艺术的要素一定是很具备的。介绍时一定不能只顾着这作品中所含的思想而把艺术的要素不顾。"① 这里就说到了评价文学作品必须顾及思想和艺术两种因素。甚至，他在评价阶级色彩鲜明的无产阶级艺术作品时，在肯定此类作品必须具有"激励阶级斗争的精神"的思想倾向的同时，仍认为"激励和鼓励只是艺术所有目的之一，不是全体；我们不可把部分误认作全体"，特别是不能以"刺激煽动性"去"损害作品艺术上的美丽"，同样把"艺术美"置于不容忽视的地位。

在"革命文学论争"中，茅盾对革命文学的批评主要有两点：一是没有充实的生活，所以写不出厚重的作品；一是作家的艺术技巧欠缺，造成"宣传大纲"式的空洞乏味。他说：

> 因为他们……本来不从事文学，所以文学技术不够，结果便是把他们的革命生活实感来单纯地"论文"化了。他们作品的最拙劣处，简直等于一篇宣传大纲。……我们不妨说蒋光慈的人物描写是"脸谱主义"。因为他的作品中的革命者只是一个面目——这就是他的革命人物的"脸谱"；又他的作品中的反革命者也只是一个面目——这就是他的反革命人物的"脸谱"。这在描写上，也许给与蒋光慈以多少便利，但我们以为这样"脸谱式"地去描写革命者与反革命者，未免单纯，有这样"脸谱式"地使读者去认识何者为革命，何者为反革命，也未免流弊滋多。作品中人物的转变，在蒋光慈笔下每每好像睡在床上翻一个身又好像是凭空掉下一个"革命"来到人物的身上，于是那人物就由不革命而革命。在结构上，我觉得蒋光慈也太机械了些。他的作品的结构大都是用了"反革命者和革命者的对比"构成。"对比"自然是要得的，但是太单纯的对比却容易陷入单

---

① 茅盾：《新文学研究者的责任与努力》，《茅盾文艺杂论集》上集，上海：上海文艺出版社，1981年，第29页。

调而不能引起深刻的感动。①

实际上，茅盾反对的只是艺术的"超然独立"，而不是艺术本身。茅盾是强调文艺的社会功利价值的，这是他文艺批评的重要标准，但是茅盾也一样反对狭隘的社会功利性或者视功利为艺术表现的唯一目的。

二、文学独立论

要保持文学的审美纯正性，就必然要保持与文学之外各种因素的距离，避免文学的外部环境的干扰，于是文学的独立意识就自然形成。独立换言之也是自由，文学独立论主要是从文学的独立价值与创作自由角度来表达"文学自觉"的涵义。现代文学时期有许多作家始终关注文学与自由的关系，这既包括文学的自由品格，也包括创作自由问题。例如，胡适提出的政府不应干涉文学论，周作人提出的文学不能用"多数决定论"，20世纪30年代自由主义作家对"文艺至死也是民主的、自由的"申辩，朱光潜于40年代提出的"有自由乃有真文艺"观。可以说，对文学的自由的论辩与呼吁贯穿了中国现代文学发展的全过程。

如果说在20世纪30年代以前，作家们主要是在承认文学应该反映广义人生的前提下要求注意文学自身的审美规律的话，那么到了30年代以后政治意识形态开始压倒一切的时候，作家们则试图摆脱政治对于文学的侵蚀与干涉。

李金发在《文艺大路》1935年11月第2卷第1期公开宣称：

> 我作诗的时候……只求发泄胸中的诗意就是。……我绝对不跟人家一样，以诗来写革命思想，来煽动罢工流血，我的诗是个人灵感的记录表，是个人陶醉后引吭的高歌，我不能希望人人能了解。
>
> ……

---

① 茅盾：《关于"创作"》，《茅盾文艺杂论集》上集，上海：上海文艺出版社，1981年，第309页。

为什么中国的批评家,一定口口声声说要有"时代意识""暗示光明""革命人生"等等空洞名词呢?

林语堂也强烈反对文学创作成为政治的工具,"把文学整个黜为政治之附庸,我是无条件反对的"①,"不主张唯有宣传主义的文学,才是文学"②,认为文学与其"钻入牛角尖之政治,不如谈社会与人生"③。林语堂所说的"社会与人生"是广义的社会人生,而非狭义的功利性的政治人生,是文化性的而非政治性的,其文学独立意识、自由意识十分明显。

在现代中国,文学除了受政治的干预比较大之外,随着现代商业的兴盛,商业的侵蚀也日益成为文学的普遍问题。因此,对文学商业化的批判也成为文学独立论者的重要任务。在同时批判文学的政治化和商业化方面,沈从文是最用力的作家之一:

> 至于作家被政治看中,作品成为政策工具后,很明显的变动是:表面上作品能支配政治,改造社会,教育群众,事实上不过是政客从此可以畜养作家,来作打手,这种打手产生的文学作品,可作政治点缀物罢了。作品由"表现真理"转成"解释政策""宣传政策",便宜了一群投机者与莫名其妙的作家。④

> 把文学作企业看,容许侥幸的投机,但基础是筑在浮沙上面,另一种新趣味一来,就带走了所已成的地位,那是太游戏,太近于"白相的"文学态度了。⑤

> 妨害新文学健康发展,使文学本身软弱无力,使社会上一

---

① 林语堂:《猫与文学》,《论语》第 22 期,1933 年 8 月 1 日。
② 林语堂:《做文与做人》,《论语》第 57 期,1935 年 5 月 20 日。
③ 林语堂:《谈女人》,《论语》第 6 期,1932 年 12 月 1 日。
④ 沈从文:《新的文学运动与新的文学观》,《沈从文全集》第 12 卷,太原:北岳文艺出版社,2002 年,第 47—48 页。
⑤ 沈从文:《废邮存底·给一个写小说的》,《沈从文文集》第 11 卷,广州:花城出版社,1984 年,第 306 页。

般人对于文学失去它必需的认识,且常歪曲文学的意义,又使若干正拟从事于文学的青年,不知务实努力,以为名士可慕,不努力写作却先去做作家,便都是这种海派风气的作祟。①

谈及文学运动分析它的得失时,有两件事值得我们特别注意:第一是民国十五年后,这个运动同上海商业结了缘,作品成为大老板商品之一种。第二是民国十八年后,这个运动又与国内政治不可分,成为在朝在野政策工具之一部。因此一来,若从表面观察,必以为活泼热闹,实在值得乐观。可是细加分析,也就看出一点堕落倾向,远不如"五四"初期勇敢天真,令人敬重。原因是作者的创造力一面既得迎合商人,一面又得傅会政策,目的既集中在商业作用与政治效果两件事情上,它的堕落是必然的,不可避免的。②

新作品在民十五左右已有了商品价值,在民十八又有了政治意义,风气习惯影响到作家后,作家的写作意识,不知不觉从"表现自我"成为"获得群众"。于是留心多数,再想方法争夺那个多数,成为一种普遍流行文学观。"多数"既代表一种权力的符号,得到它即可得到"利益",得到利益自然也就象征"成功"。跟随这种习惯观念,不可免产生一种现象,即作家的市侩工具化与官僚同流化。③

文运经过"商业"与"政治"两种势力分割后,作家的

---

① 沈从文:《论"海派"》,《沈从文文集》第12卷,广州:花城出版社,1984年,第162页。
② 沈从文:《新的文学运动与新的文学观》,《沈从文全集》第12卷,太原:北岳文艺出版社,2002年,第46页。
③ 沈从文:《小说作者和读者》,《沈从文全集》第12卷,太原:北岳文艺出版社,2002年,第69页。

"天真"和"勇敢"完全消失了，代替它的是油滑与狡诈习气。信仰真理爱护真理的五四精神，一变而为发财升官的功利思想；与商人合作或合股，用一个"听候调遣"的态度来活动，则可以发财。为某种政策帮忙凑趣，用一个阿谀逢迎态度来活动，则可以做官。发财做官的功利思想既变成作家创作活力，表面上尽管十分热闹，事实上已无文运可言。商人官家不仅成为文运发扬者，保护者，同时且是支配者，统治者。①

沈从文指出现代文学应走的正确的道路：

> 发扬五四精神，使文运重造与重建，是关心它的前途或从事写作的人一件庄严的义务。我们必需努力的第一件事，是重新建设一个观念，一种态度，使作者从"商场"与"官场"拘束中走出，依然由学校培养，学校奠基，学校着手。作品不当作商品与官场的点缀品，所谓真正的时代精神与历史得失，方有机会表现。而且这种作品中所浸透的人生崇高理想，与求真的勇敢的批评精神，方能启发教育读者的心灵。②

第二节 现代文学的美学建构：以新诗为例

前面说过，文学革命之后，新文学面临着自身建设与发展的诸多问题，归根结底可以说只有两个问题：一是新文学如何确立自己的美学合法性；二是如何处理文学与功利、政治之间的关系。

新文学如何建立自己的美学合法性的问题，也就是现代文学之"现代性建构"的文学维度的问题。"五四"的短短数年间，新文学以横扫之

---

① 沈从文：《文运的重建》，《沈从文全集》第12卷，太原：北岳文艺出版社，2002年，第82页。
② 沈从文：《文运的重建》，《沈从文全集》第12卷，太原：北岳文艺出版社，2002年，第83页。

势迅速占据文学中心，文学的现代转型与建构迅速得以实施。首先，新文学从社会历史进化的角度、从思想的先进与否的角度论证了新文学取代旧文学的合法性。其次，在工具方面，白话取代文言是历史的进化的观点已经得到普遍的拥护。随后，胡适又进一步提出"国语的文学、文学的国语"，把"白话"重新命名为"国语"，进一步强化白话取代文言的合理性、合法性。在胡适的目标中，文学革命所要建立的那种白话，已经不是和文言平起平坐的一种语言类型了，而是作为民族共同语，成为现代中国唯一合法的语言。这一目标在国家权力的参与下，也已经很快就实现。最后，"人的文学"的提出，则使"新文学"在思想内容方面获得现代性，进一步与旧文言文学、旧白话文学拉开距离。这样，"用现代文学语言与文学形式，表达现代中国人的思想、感情、心理"的"现代文学"[①] 实际上就剩下"文学形式"方面还没有取得令人信服的压倒性成就了。作家们广泛地讨论新诗、小说、戏剧、散文，也讨论杂文小品文、报告文学等新兴文体，讨论文学的题材、形式、写法奥妙，他们为确实还比较稚嫩的新文学作品尽力辩护，为出现的每一种崭新的艺术风格而欢欣鼓舞。这些都可以说是作家们在这方面所做的努力。

这方面讨论（或者说争论）最为激烈的可能就是新诗的美学建构问题了。白话如何写新诗？这是一个很大的问题，也是当时诗人（作家）们的心头之痛。中国是一个诗歌的国度，几千年古典文学的精粹几乎都由诗歌代表。因此，新文学要证明自己，就必须在诗艺上有所建树。胡适本人也选择从这里开始"尝试"，因为他也清楚要彻底战胜旧文学，新诗是绕不过的弯，但显然这是一块硬骨头。

一、白话新诗的缺憾

现代新诗的美学建构始终是与对其自身的反思相伴相生的。

与历史上的任何一次诗歌运动都不同，现代新诗是一次彻底的诗体

[①] 钱理群等：《现代文学三十年》，北京：北京大学出版社，1998年，第1页。

的大解放。"以白话写诗,不仅以白话词语代替文言,而且以白话(口语)的语法结构代替文言语法,并吸收国外的新语法,也即实行语言形式与思维方式两方面的散文化。这实际上就是对发展得过分成熟,人们业已习惯,但已脱离了现代中国人的思维、语言的中国传统诗歌语言的创造开辟道路。"[①] 以白话入诗,并非胡适的首创;但是"作诗如作文",诗歌散文化,从词语到语句、从风格到思维全方位彻底革命,却是白话新诗的革命性意义之所在。文学革命之后,白话诗打破了传统诗歌格律的牢笼,解放了传统的思维定式,使得语体不再成为思想和情绪的障碍。这种看起来使诗不成诗的大胆解放使得"现代新诗确实提供了为传统诗词所不能包容、代替的新的诗歌美学理想,为现代中国人表达自己的情感、思绪……提供了新的途径与可能性"[②]。

但是,随着创作的深入,问题也开始显现。如果白话诗仅是分行的散文,那么诗歌与散文的区别在哪里?新诗的"诗性"是什么?诗人们开始了深切地反思。显然,仅仅一个白话语言工具是不够的。因此,从新诗诞生之日起,新诗的艺术规则问题就作为新文学的一个核心话题一次又一次地成为热点,时至21世纪的今天,也仍然余波未尽。

特别是面对古典诗歌,这些问题更显急切。中国是诗歌的大国,两千多年的辉煌成就新诗人心知肚明,虽说白话取代文言的观点在进化论的支持下已无人敢驳,但是古典诗词甚至散文的成就并不是靠"白话取代文言"就能一笔勾销的。如果说现代小说、戏剧因为古典小说、戏剧整体水准的薄弱而一身轻松,那么新诗却总是处在旧诗的"影响的焦虑"之下。

现代诗人(作家)们一开始是担忧新诗像不像新的,能不能摆脱旧诗的窠臼。直到郭沫若的《女神》出现,大家终于松了一口气,闻一多说:

[①] 钱理群等:《中国现代文学三十年》(修订本),北京:北京大学出版社,1998年,第120页。

[②] 钱理群:《返观与重构:文学史的研究与写作》,上海:上海教育出版社,2000年,第218页。

"若讲新诗,郭沫若君底诗才配称新呢,不独艺术上他的作品与旧诗词相去最远,最要紧的是他的精神完全是时代的精神——20世纪底精神。"①

白话能否写出新诗的问题解决后,新诗好不好,能不能比过旧诗的问题又成为新诗人们心中的重负。梁宗岱甚至把用白话做好新诗看成关系中国诗歌前途命运的大事:

> 我们底诗要怎样才能够配得起,且慢说超过它(指中国古典诗词——引者注)底标准;怎样才能读了一首古诗后,读我们底诗不觉得肤浅,生涩,和味同嚼蜡?更进一步说,怎样才能够利用我们手头现有的贫乏,粗糙,未经洗炼的工具——因为传统底工具我们是不愿,也许因为不能,全盘接受的了——辟出一个新颖的,却要和它们同样和谐,同样不朽的天地?因为目前底问题,据我底私见,已不是新旧诗底问题,而是中国今日或明日底诗底问题,是怎样才能承继这几千年底光荣历史,怎样才能无愧色去接受这无尽藏的宝库底问题。②

重点是对新诗之"诗性"的怀疑。梁实秋讲:"自白话入诗以来,诗人大半走错了路,只顾白话之为白话,遂忘了诗之所以为诗,收入了白话,放走了诗魂。"③ 在1931年《诗刊》创刊号上,梁实秋发表了《新诗的格调及其他》一文,指出:"新诗运动的起来,侧重白话这一方面,而未注意到诗的艺术与原理这一方面。"④ 梁实秋认为,五四时期以来的白话诗与其说是"诗"不如说是"白话"。闻一多感叹:"不幸的诗啊!他们争道替你解放……谁知在打破枷锁镣铐时,他们竟连你的灵魂也一齐打破了呢?不论有意无意,他们总是罪大恶极啊!"⑤

---

① 闻一多:《女神之时代精神》,黄人影编《郭沫若论》,上海:光华书局,1931年,第95页。
② 梁宗岱:《论诗》,《梁宗岱文集》第2卷,北京:中央编译社,2003年,第30页。
③ 梁实秋:《读〈诗底进化的还原论〉》,《晨报副刊》1922年第5期。
④ 梁实秋:《新诗的格调及其他》,《诗刊(创刊号)》1931年第1期。
⑤ 闻一多:《〈冬夜〉评论》,《闻一多全集》第3卷,上海:生活·读书·新知三联书店,1982年,第327页。

而朱自清则从新诗自身技巧、风格贫弱的角度作了反思：

> 要看看启蒙期诗人"怎样从旧镣铐里解放出来，怎样学习新语言，怎样找寻新世界"。但是白话的传统太贫乏，旧诗的传统太顽固，自由诗派的语言大抵熟套多而创作少（闻一多先生在什么地方说新诗的比喻太平凡，正是此意），境界也只是男女和愁叹，差不多千篇一律；咏男女自然和旧诗不同，可是大家都泛泛着笔，也就成了套子。①

二、胡适的有限思考

前面说过，胡适提出白话文学主张、发动文学革命的根本目的并不在于文学本身的艺术创新，而是要使文学成为更符合现代社会要求的表情达意的工具（虽然语言工具的革新必然客观地带来文学的艺术新变）。在胡适最初倡导白话新诗的个人预设中，无非通过新诗创作证明白话可以胜任各种文学体裁，证明白话取代文言、白话文学取代文言文学的可能性、合理性，用白话作诗的语言工具意识远远大于新诗的美学建设意识。也就是说，他对于白话新诗的倡导和实践都只是着眼于对文学的工具性的复兴和强化，缺乏对于"诗"之为"诗"，即其艺术特殊性的思考和关注，只是简单地要求通俗易懂、明白清楚、自由抒写，强调的是诗歌作为言说的自由与解放。在《〈尝试集〉自序》里，胡适很清楚地表达了自己的观点："我到北京以后所作的诗，认定一个主义，若要作真正的白话诗，若要充分采用白话的文字，白话的写法和白话的自然音节，非作长短不一的白话诗不可。这种主张，可叫做'诗体的大解放'。诗体的大解放就是把从前一切束缚自由的枷锁镣铐，一切打破：有什么话，说什么话，话怎么说，就怎么说。这样才可有表现白话的文学可能性。"②

---

① 朱自清：《新诗杂话》，王运熙、许道明《中国文论选》现代卷（中），南京：江苏文艺出版社，1996年1版，第513页。

② 胡适：《〈尝试集〉自序》，姜义华主编《胡适学术文集·新文学运动》，北京：中华书局，1993年，第381页。

后来，他在《谈新诗》里也重申了这一观点："我们做白话诗的大宗旨，在于提倡'诗体的解放'。有什么材料，做什么诗；有什么话，说什么话；把从前一切束缚诗神的自由的枷锁镣铐，笼统推翻：这便是'诗体的解放'。"① 胡适认为，形式是为内容服务的，所以"形式上的束缚，使精神不能自由发展，使良好的内容不能充分表现"。只有有了诗体上的解放，"丰富的材料，精密的观察，高深的理想，复杂的感情，方才能跑到诗里去"②。胡适要求废除旧的格律诗，建立一种自然、明白、朴素的新诗。他欣赏称赞的诗人，大体也是朝着这个方向发展的，譬如徐志摩、康白情、汪静之等。

其实，对于白话与文学的距离，胡适也并非毫无意识。他在《谈新诗》里就对新诗的创作提出了许多艺术方面的有益意见，比如音节要合于"语气的自然节奏"，要注意诗句"内部所用字的自然和谐"③，"诗需要用具体的做法，不可用抽象的说法。凡是好诗，都能使我们脑子里发生一种——或多种——明显逼人的影像"④，等等。茅盾称赞该文为新诗初期的"一根大柱"⑤，朱自清则推崇它为新诗理论的"金科玉律"⑥。

但是，《谈新诗》的写作年代是中国现代新诗的"尝试期"，因为中国古典诗歌的极度辉煌，所以人们对于新诗的不信任和攻击特别厉害。俞平伯说："《新青年》提倡新文学以来，招社会非难，也不知多少。

---

① 胡适：《答朱经农》，姜义华主编《胡适学术文集·新文学运动》，北京：中华书局，1993 年，第 63 页。

② 胡适：《谈新诗》，姜义华主编《胡适学术文集·新文学运动》，北京：中华书局，1993 年，第 386 页。

③ 胡适：《谈新诗》，姜义华主编《胡适学术文集·新文学运动》，北京：中华书局，1993 年，第 392 页。

④ 胡适：《谈新诗》，姜义华主编《胡适学术文集·新文学运动》，北京：中华书局，1993 年，第 396 页。

⑤ 茅盾：《论初期白话诗》，《茅盾文艺杂论集》上集，上海：上海文艺出版社，1981 年，第 612 页。

⑥ 朱自清：《中国新文学大系·诗集·导言》，《中国新文学大系导言集》，中国香港：香港文学研究社，1968 年，第 227 页。

第二章　从"问题"到"主义"：现代作家批评的文学价值观(上)

……而其中独以新体诗招人反对最力。"① 胡适也说："文学革命的目的是要替中国创造一种'国语的文学'——活的文学。这两年来的成绩，国语的散文是已过了辩论的时期，到了多数人实行的时期了。只有国语的韵文——所谓'新诗'——还脱不了许多人的怀疑。"② 新诗运动的主要任务还是为自己的生存权利而斗争。所以，胡适此文更主要的目的是为白话新诗进行合法性辩护。

他首先从世界文学的普遍发展规律上来证明白话文学运动的重要意义，从形式和内容的关系上论证白话新诗的优越性：

> 文学革命的目的是要替中国创造一种"国语的文学"——活的文学。这两年来的成绩，国语的散文是已过了辩论的时期，到了多数人实行的时期了。只有国语的韵文——所谓"新诗"——还脱不了许多人的怀疑。

> 我常说，文学革命的运动，不论古今中外，大概都是从"文的形式"一方面下手，大概都是先要求语言文字文体等方面的大解放。欧洲三百年前各国国语文学的起来代替拉丁文字时，是语言文字的大解放；十八十九世纪法国雨果、英国华兹华斯等人所提倡的文学改革，是诗的语言文字的解放；近几十年来西洋世界的革命，是语言文字和文体的解放。这一次中国文学的革命运动，也是先要求语言文字和文体的解放。新文学的语言是白话的，新文学的文体是自由的，是不拘格律的。初看起来，这都是"文的形式"一方面的问题，算不得重要。却不知道形式和内容有密切的关系。形式上的束缚，使精神不能自由发展，使良好的内容不能充分表现。若想有一种新内容和新精

---

① 俞平伯：《白话诗的三大条件》，王运熙、沙似鹏《中国文论选》现代卷（上），南京：江苏文艺出版社，1996 年，第 122 页。

② 胡适：《谈新诗》，姜义华主编《胡适学术文集·新文学运动》，北京：中华书局，1993 年，第 385 页。

神,不能不先打破那些束缚精神的枷锁镣铐。因此,中国近年的新诗运动可算得是一种"诗体"的大解放。因为有了这一层诗体的解放,所以丰富的材料,精密的观察,高深的理想,复杂的感情,方才能跑到诗里去。五七言八句的律诗决不能容丰富的材料,二十八字的绝句决不能写精密的观察,长短一定的七言五言决不能委婉达出高深的理想与复杂的感情。①

胡适以周作人的《小河》、康白情的《窗外》、傅斯年的《深秋永定门晚景》、俞平伯的《春水船》为例来说明新诗较之旧体诗的优越性:能容纳旧体诗无法容纳的材料,能描写旧体诗无法细腻表达的景致。

然后,他又以进化论的观点,简略考察了中国诗歌形式的嬗变,指出新体诗(即白话诗)是中国诗自然趋势所必至的,不过加上了一种有意的鼓吹,使它于短时间内猝然实现。因此,初期白话诗虽有许多旧痕迹和缺陷,但并不能成为否定新诗的理由。

由此看来,胡适主要还不是从白话新诗的艺术性上为新诗辩护(实际上处于尝试期的新诗那时也还谈不上骄人的艺术成就),能强有力论证新诗合法性的还是艺术以外的道理。胡适其他关于白话文学、白话新诗的论述也莫不如此。

三、初期白话诗人的思考

在诗艺上思考新文学发展的还有其他一些作家。

在实践中,新诗人们很早就注意到白话作诗的问题与困难,意识到新诗的毛病在于"过于直白"和"肆意滥情"。俞平伯曾说:"白话诗的难处,不在白话上面,是在诗上面。"② 诗人们批评家们开始寻找"诗"之为"诗"的途径。

俞平伯在1919年就曾对新诗的做法提出过自己的看法:

---

① 胡适:《谈新诗》,姜义华主编《胡适学术文集·新文学运动》,北京:中华书局,1993年,第385页。

② 俞平伯:《社会上对于新诗的各种心理观》,《新潮》1919年第1卷。

新青年提倡新文学以来，招社会非难，也不知多少。……而其中独以新体诗招人反对最力。……大凡无论何种文章……尽可专注于内质，文词只要明显，种种修辞，概可免去。但诗歌一种，确是发抒美感的文学，虽主写实，亦必力求其遣词命篇之完密优美。因为雕琢是陈腐的，修饰是新鲜的。文词粗俗，万不能发抒高尚的理想。这是一定不易的道理。①

俞平伯为此提出三条意见：

第一，用字要精当，造句要雅洁，安章要完密。

第二，音节务求谐适，却不限定句末用韵。"现在句末虽不定用韵，而句中音节，自必力求和谐。否则作出诗来，岂不成了一首短篇的散文吗？"②

第三，说理要深透，表情要切至，叙事要灵活。

前两条谈的是诗的形式即"诗形"，后一条则是诗的内容问题即"诗质"。俞平伯认为，诗歌不能和平常说话或者散文那样，虽然是"用通俗的话作美术的诗"，但还是要符合诗的特点，要有审美效应。俞平伯思考得更多的是字句、章法、音节、韵律等外在形式的探索。

在白话诗寻找艺术自我的过程中，周作人也是先行者之一。周作人并没有对整个白话诗发表评论，而是在谈论当时十分流行，他自己也十分钟爱的"小诗"时暗示了自己的观点。他在《论小诗》《日本的小诗》等文中对小诗作过专门性的评述。其中，他在《论小诗》一文中谈道："诗的效用本来不在明说而在暗示，所以最重含蓄。"他强调要有"特殊的感兴"③。他又在《日本的小诗》一文中表示："诗歌本以传神为贵，重在暗示而不在明言，诗歌特别简短，意思自更含蓄，至于更短的俳句

---

① 俞平伯：《白话诗的三大条件》，王运熙、沙似鹏《中国文论选》现代卷（上），南京：江苏文艺出版社，1996年，第122页。

② 俞平伯：《白话诗的三大条件》，王运熙、沙似鹏《中国文论选》现代卷（上），南京：江苏文艺出版社，1996年，第123页。

③ 周作人：《论小诗》，杨扬编《周作人批评文集》，珠海：珠海出版社，1998年，第91页。

几乎意在言外,更不容易说明了。"现代白话诗强调口语化、散文化,在相当程度上忽略了诗歌的蕴藉含蓄之美,破坏了意境的和谐和丰润;而周作人一再强调诗歌的含蓄传神、暗示感兴,无疑是一种悄悄的反拨。周作人在此对白话诗的批评还只是旁敲侧击,不像后来的穆木天、徐志摩、闻一多那样直接出来挑战胡适的诗学理论。

四、"带着镣铐跳舞"——新格律的尝试

新月诗派是中国现代比较讲究诗的形式美的一个流派。

闻一多在《女神之地方色彩》中对《女神》提出了批评。一是批评它的文字、形式和精神过于欧化,二是反对郭沫若的"自然流露"的诗风,认为新诗还是要讲究"做"的。①

在《诗的格律》一文中,闻一多反对"偶然在言语里发现一点类似诗的节奏,便说言语就是诗,便要打破诗的音节,要它变得和言语一样"的做法,认为这是诗的自杀。他声明:"我并不反对用土白作诗,我并且相信土白是我们新诗的领域里,一块非常肥沃的土壤,理由等将来再仔细地讨论。我们现在要注意的只是土白可以'做'诗,这'做'字便说明了土白须要一番锻炼选择的工作然后才能成诗。"② 这个"做",在闻一多等新月诗人那里就是对于"格律"的追求。

他批评浪漫主义派的"自我表现",批评"他们似乎只认识了文艺的原料,没有认识那将原料变成文艺所必需的工具"。③

饶孟侃更为尖锐,认为新诗面临的最大危险,就是以创造社为代表的"感伤主义"的诗风。他所指的感伤主义,主要表现在"(诗人)硬把他个人片面的感觉当作真的情绪,用一种不自然的方法表现出来,这种

---

① 闻一多:《女神之地方色彩》,黄人影编《郭沫若论》,上海:光华书局,1931年,第111页。
② 闻一多:《诗的格律》,《新月派评论资料选》,上海:华东师范大学出版社,1993年,284页。
③ 闻一多:《诗的格律》,《新月派评论资料选》,上海:华东师范大学出版社,1993年,284页。

假的或不自然的情绪就是我们今天所要讨论的感伤主义"。"无病呻吟即是现在所谓的感伤主义的一个别称。""差不多现在写过新诗的人,没有一个没有沾染着一点感伤的余味。"①

朱湘认为,胡适的《尝试集》无论是在内容上还是在形式上都十分幼稚粗糙②,康白情的《草儿》和郭沫若的《女神》只有"反抗的精神和单调的句子"。他认为,郭沫若的创作"努力是部分地成了功"③,但康白情则是"完全失败了"。"他以为任何词语都可以入诗的","他以为任何题材都可以入诗的"。他挑出康白情的"有桃子,有梨子,有胡桃,有瓜架,有玉蜀黍,有芭蕉,有红莴苣菜"以及"走了五里还有二十里;走了十里还有十六里;走了十五里还有十二里;走了二十里还有八里"等诗句,认为这样的语言是不能称之为诗的。④

为了改变这种任由感情自我表现的不加节制的诗风,闻一多等人从形式上重新开出"格律"的药方。

闻一多引用布利斯·佩里的话:"差不多没有诗人承认他们真正给格律束缚住了。他们乐意戴着脚镣跳舞,并且要戴别个诗人的脚镣。"⑤ 他认为,"诗的所以能激发情感,完全在于它的节奏;节奏便是格律"⑥。

闻一多提出了系统的格律理论,即著名的"三美"理论。他指出:"诗的实力不独包括音乐的美(音节),绘画的美(辞藻),并且还有建筑的美(节的匀称和句的均齐)。"⑦

徐志摩也充满自信地宣称:"我们的大话是:要把创格的新诗当一件

---

① 饶孟侃:《感伤主义与创造社》,《诗镌》第 11 号。
② 朱湘:《评胡适的〈尝试集〉》,《诗镌》第 1 号。
③ 朱湘:《评郭君沫若的诗》,《诗镌》第 2 号。
④ 朱湘:《评〈草儿〉》,《诗镌》第 3 号。
⑤ 闻一多:《诗的格律》,《新月派评论资料选》,上海:华东师范大学出版社,1993 年,第 283 页。
⑥ 闻一多:《诗的格律》,《新月派评论资料选》,上海:华东师范大学出版社,1993 年,第 284 页。
⑦ 闻一多:《诗的格律》,《新月派评论资料选》,上海:华东师范大学出版社,1993 年,第 286 页。

认真的事来做","我们信诗是表现人类创造力的一件工具,与音乐与美术是同等同性质的;我们信我们这民族这时期的精神解放或精神革命没有一部像样的诗式的表现是不完全的;我们信我们自身灵性里以及周遭空气里多的是要求投胎的思想的灵魂,我们的责任是替他们搏造适当的躯壳,这就是诗文与各种美术的新格式与新音节的发见;我们信完美的形体是完美的精神唯一的表现;我们信文艺的生命是无形的灵感加上有意识的耐心与勤力的成绩;最后我们信我们的新文艺,正如我们的民族本体,是有一个伟大美丽的将来的"①。

饶孟侃认为,新诗步入正轨就必然要遇到音节的问题:"一首完美的诗里所包含的意义和声音总是调和得恰到好处。""其实新诗的提倡,除了新的题材(这问题在本篇里暂不多讲),也同是一种新的试验以外,差不多就可以说是音节上的冒险。"他指出了新诗在音节方面的缺失,"你看新诗虽然已经有了好几年的生命,但是在音节上并没有多大的贡献"②。

在饶孟侃那里,音节是个系统的工程,"我们讲一首诗的音节,决不是专指那从字面上念出来的声音……实在包含的有格调、韵脚、节奏和平仄等等的相互关系"。所谓格调,是指每段的格式要调和、均匀,"守着自然的规律";"韵脚的工作是把每行诗里抑扬的节奏锁住,而同时又把一首诗的格调缝紧";"新诗的音节里要算节奏最难操纵",节奏就像拍子,要与诗人的情绪相和谐,使音节和情绪保持均匀;而平仄,因为中国的文字是单音字,因而还是要讲求平仄,才能使诗歌有抑扬轻重之美。③

"其实严格地讲起来,诗不但不能判分新旧,就是中外的分别也不能

---

① 徐志摩:《诗刊弁言》,《新月派评论资料选》,上海:华东师范大学出版社,1993年,第278—279页。
② 饶孟侃:《新诗的音节》,王运熙、沙似鹏《中国文论选》现代卷(上),南京:江苏文艺出版社,1996年,第483—484页。
③ 饶孟侃:《新诗的音节》,王运熙、沙似鹏《中国文论选》现代卷(上),南京:江苏文艺出版社,1996年,第484—488页。

十分确定。""新诗里面要某种情绪和某种音节的成分调得恰恰均匀,终能产生一种动人的感觉。新诗的音节要达到完美的地步,那就是说能够使读者从一首诗的格调、韵脚、节奏和平仄里面不知不觉地理会到这首诗里的特殊情绪来——到这种时候就是有形的技术化成了无形的艺术;再换一句话说,就是音节在新诗里做到了不着痕迹的完美地步。""这种时候准是伟大作品产生的日子。"①

闻一多、饶孟侃等人重新提出新诗的格律问题,引起新文学阵营里的一些攻击。闻一多辩解说:"律诗永远只有一种格式,但是新诗的格式是层出不穷的。""律诗的格式与内容不发生关系,新诗的格式总是根据内容的精神制造的。""律诗的格式是别人替我们造的,新诗的格式可以由我们自己的意匠来随时构造。"因为这三点,新诗的格律化就不是复古与退步,而是创新与进步。②

后来,徐志摩在《诗刊》的最后一期的停刊说明《诗刊放假》中,作了最后的盘点和总结:

> 第一是在理论方面,我们讨论过新诗的音节与格律。一多分明是我们中间最乐观的,他说:"新诗的音节……确乎有了一种具体的方式可寻。这种音节的方式发现以后,我断言新诗不久定要产生一种新的建设时期了……"
>
> ……
>
> 再说具体一点,我们觉悟了诗是艺术;艺术的涵义是当事人自觉运用某种题材,不是不经心的一任题材的支配,我们也感觉到一首诗应是一个有生机的整体,部分与部分相关联,部分对整体有比例的一种东西;正如一个人身的秘密是它的血脉的流通,一首诗的秘密也就是它的内含的音节的匀整与流动。……明白了诗的生命是在它的内在的音节(Internal rhythm)的

---

① 饶孟侃:《再论新诗的音节》,《诗镌》第6号。
② 闻一多:《诗的格律》,《新月派评论资料选》,上海:华东师范大学出版社,1993年,第286页。

道理，我们才能领会到诗的真的趣味；不论思想怎么高尚，情绪怎样热烈，你得拿来彻底的"音节化"（那就是诗化）才可以取得诗的认识，要不然思想自思想，情绪自情绪，却不能说是诗。但是这原则却并不在外形上制定某式不是诗某式才是诗。……行数的长短，字句的整齐或不整齐的决定，全得凭你体会到的音节的波动性……

……

字句的排列有恃于全诗的音节，音节的本身还再起原于真纯的"诗感"。①

诗歌有一种超越世俗的感情和体验，最重要的是需要一种内在的丰富性和超越性构成诗的动力源泉，但也需要一种外在的形式感表现诗的物质特性，用形式美感来愉悦读者的感性思维。因此，新月派的理论及其实践对新诗乃至整个现代文学都是有积极意义的。他们的观点也有一些赞同者，沈从文就曾经表达过类似的思考：

因为诗有两种方法写下去：一是平淡，一是华丽。或在思想上有幻美光影，或在文字上平妥匀称，但同时多少皆得保留到一点传统形式，才有一种给人领会的便利。文学革命意义，并非是"全部推翻"，大半是"去陈就新"。形式中有些属于音律的，在还没有勇气彻底否认中国旧诗的存在以前，那些东西是你值得去注意一下的。②

新诗有个问题，从初期起即讨论到它，久久不能解决，是韵与词藻与形式之有无存在价值。大多数意思都以为新诗可以抛掉这一切（他们希望各有天才能在语言里把握得住自然音乐

---

① 徐志摩：《诗刊放假》，《新月派评论资料选》，上海：华东师范大学出版社，1993年，第281页。

② 沈从文：《废邮存底·给一个写诗的》，《沈从文文集》第11卷，广州：花城出版社，1984年，第301页。

的节奏），应该是精选语言的安排。实则"语言的精选与安排"，便证明新诗在词藻形式上的不可偏废。①

但是，格律诗毕竟接近古典诗歌，很自然地引起大多数新文学家的反感和排斥。废名在20世纪40年代后，重新主张新诗应该是自由诗，他说：

> ……我乃大有所触发，我发现了一个界线，如果要做新诗，一定要这个诗是诗的内容，而写这个诗的文字要用散文的文字。以往的诗文学，无论旧诗也好，词也好，乃是散文的内容，而其用的文字是诗的文字。我们只要有了这个诗的内容，我们就可以大胆地写我们的新诗，不受一切的束缚，"不拘格律，不拘平仄，不拘长短；有什么题目，做什么诗；诗该怎么做，就怎么做"。我们写的是诗，我们用的文字是散文的文字，就是所谓自由诗。②

这里的关键是新诗要有"诗"的内容。没有这种"诗"的内容，白话新诗就没有立足点，即使用格律也只徒有诗的形式而不是真正的诗；有了这种"诗"的内容，才可以做到胡适的"作诗如作文"的自由，白话自由诗也不逊于格律诗。废名的这个观点既修补了胡适的"白话诗即新诗"忽略"诗性"的缺陷，又克服了闻一多"新格律"诗论重陷形式束缚的僵硬，可以说是新诗诗论的一个进步、一个总结。废名的这一论断在他的北京大学授课讲义《谈新诗》中多次重申。

后来闻一多本人也否定了自己的这一尝试。在《时代的鼓手——读田间的诗》一文中，他痛惜"声律的进步是情绪的萎顿"③；在《文学的历史动向》中，他认为新诗要有生命，必须"放弃传统意识，完全洗心

---

① 沈从文：《新诗的旧账》，《沈从文文集》第12卷，广州：花城出版社，1984年，第181页。
② 废名：《新诗应该是自由诗》，《新诗十二讲》，沈阳：辽宁教育出版社，2006年，第25页。
③ 闻一多：《时代的鼓手——读田间的诗》，王运熙、张新《中国文论选》现代卷（下），南京：江苏文艺出版社，1996年，第340页。

革面，重新做起"，"那差不多等于说，要把诗做得不像诗了……说得更确点，不像诗，而像小说戏剧，至少让它多像点小说戏剧，少像点诗。太多'诗'的诗和所谓'纯诗'者，将来恐怕只能以一种类似解嘲与抱歉的姿态，为极少数人存在着。在一个小说戏剧的时代，诗得尽量采取小说戏剧的态度，利用小说戏剧的技巧，才能获得广大的读众"。①

五、"纯诗"的提倡

到了早期象征派这里，明确提出要求诗与散文的分界。穆木天批评道："中国的新诗的运动，我以为胡适是最大的罪人。胡适说：作诗须得如作文。那是他的大错。"梁宗岱也对胡适等人的诗歌（文学）理论提出了异议。在《文坛往哪里去——"用什么话"问题》（1933年9月28日）中，他对纯粹的"白话"能否作新诗表示了怀疑：

我们底白话太贫乏了，太简陋了，和文学意境底繁复与缜密适成反比例。②

我们底白话就无异于野草荒树底自生自灭；于是，和一切未经过人类意识的修改和发展的事物一样，白话便被遗落在凌乱，松散，粗糙，贫乏，几乎没有形体的现状里。③

假如现代底白话已足以完全胜任我们所需要的文学底表现工具，或不胜任而我们硬要感伤地施行着不切实际的主张，我们只能得到这不可避免的不幸的结论：要不是我们文学的内容

---

① 闻一多：《文学的历史动向》，王运熙、张新《中国文论选》现代卷（下），南京：江苏文艺出版社，1996年，第348页。
② 梁宗岱：《文坛往哪里去——"用什么话"问题》，《梁宗岱文集》第2卷，北京：中央编译出版社，2003年，第52页。
③ 梁宗岱：《文坛往哪里去——"用什么话"问题》，《梁宗岱文集》第2卷，北京：中央编译出版社，2003年，第53页。

太简单了，太浅薄了，便是这文学内容将因而趋于简单和浅薄。①

　　文字底本质又往往可以影响到思想底实体，硬要把这粗糙，模糊，笼统的白话，不加筛簸也不加洗炼，派作文学底工具，岂不是要开倒车把我们送到浑噩愚昧的原人，或等于原人底时代么？②

在《新诗底纷歧路口》中，他批评道：

　　新诗底发动和当时底理论或口号——所谓"建设明了的通俗的社会文学"，所谓"有什么话说什么话"——不仅是反旧诗的，简直是反诗的；不仅是对于旧诗和旧诗体底流弊之洗刷和革除，简直把一切纯粹永久的诗底真元全盘误解与抹煞了。③

当然，梁宗岱虽然认为白话作诗有很大的问题，但也不是主张复古退回到文言时代，他清醒地懂得文言"经过了几千年文人骚士底运用和陶冶，已经由简陋生硬而达到精细成熟的完美境界，并且更由极端的完美流而为腐，滥，空洞和暗晦，几乎失掉表情和达意底作用了"④。

正确的方法应该是对白话进行艺术的改造：

　　我们不得不承认所谓现代语，也许可以绰有余裕地描画某种题材，或惟妙惟肖地摹写某种口吻，如果要完全胜任文学表现底工具，要充分应付那包罗了变幻多端的人生，纷纭万象的

---

① 梁宗岱：《文坛往哪里去——"用什么话"问题》，《梁宗岱文集》第 2 卷，北京：中央编译出版社，2003 年，第 53—54 页。
② 梁宗岱：《文坛往哪里去——"用什么话"问题》，《梁宗岱文集》第 2 卷，北京：中央编译出版社，2003 年，第 55 页。
③ 梁宗岱：《新诗底纷歧路口》，《梁宗岱文集》第 2 卷，北京：中央编译出版社，2003 年，第 156 页。
④ 梁宗岱：《文坛往哪里去——"用什么话"问题》，《梁宗岱文集》第 2 卷，北京：中央编译出版社，2003 年，第 53 页。

宇宙的文学底意境和情绪，非经过一番探检，洗炼，补充和改善不可。①

（字汇方面——引者注）文艺的目的是要启示宇宙与人生底玄机，把刹那底感兴凝定，永生，和化作无量数愉快的瞬间：单是描写眼前的景物，一枝花，一抹晚霞，如果你要刻画得活现，就不能不求助于罕见的字，与不常有的句法。②

（体裁方面——引者注）写文章却两样了，我们可以慢慢地握管运思：把紊乱的整理，骈枝的剪裁，而求组织上的精炼，完密和一致。③

我们不独不能把纯粹的中国现代语，即最赤裸的白话，当作文学表现底工具，每个作家并且应该要创造他自己底文字——能够充分表现他底个性，他底特殊底感觉，特殊的观察，特殊的内心生活的文字。④

进而上升到诗歌形式的铸造：

形式是一切艺术底生命，所以诗，最高底艺术，更不能脱离掉形式而有伟大的生存。⑤

这对于我们不仅是一个警告，简直是不容错认的启迪：形

---

① 梁宗岱：《文坛往哪里去——"用什么话"问题》，《梁宗岱文集》第2卷，北京：中央编译出版社，2003年，第53—54页。
② 梁宗岱：《文坛往哪里去——"用什么话"问题》，《梁宗岱文集》第2卷，北京：中央编译出版社，2003年，第52—53页。
③ 梁宗岱：《文坛往哪里去——"用什么话"问题》，《梁宗岱文集》第2卷，北京：中央编译出版社，2003年，第53页。
④ 梁宗岱：《文坛往哪里去——"用什么话"问题》，《梁宗岱文集》第2卷，北京：中央编译出版社，2003年，第55页。
⑤ 梁宗岱：《新诗底纷歧路口》，《梁宗岱文集》第2卷，北京：中央编译出版社，2003年，第157页。

式是一切文艺作品永生的原理，只有形式能够保持精神底经营，因为只有形式能够抵抗时间底侵蚀。①

除了发见新音节和创造新格律，我们看不见可以引我们实现或接近我们底理想的方法。②
而这些最终都指向一个纯粹的完美的诗歌理想——"纯诗"：

我们的要求是"纯粹诗歌"。我们的要求是诗与散文的纯粹的分界。我们要求是"诗的世界"。③

诗要兼造型与音乐之美。在人们神经上振动的可见而不可见、可感而不可感的旋律的波……若讲出若讲不出的情肠，才是诗的世界。我要深汲到最纤细的潜在意识，听最深邃的最远的不死的而永远死的音乐。诗的内生命的反射，一般人找不着不可知的远的世界，深的大的最高生命。我们的要求是纯粹诗歌（the Pure Poetry），我们要住的是诗的世界，我们要求诗与散文的清楚的分界。我们要求纯粹的诗的感兴（Inspiration）。④

诗的世界是潜在意识的世界。诗要有大的暗示能。诗的世界固然在平常的生活中，但在平常生活的深处。诗是要暗示出人的内生命的深秘。诗是要暗示的，诗最忌说明的。……诗越不明白越好。明白是概念的世界，诗是最忌概念的。诗得有一

---

① 梁宗岱：《新诗底纷歧路口》，《梁宗岱文集》第 2 卷，北京：中央编译出版社，2003 年，第 159 页。
② 梁宗岱：《新诗底纷歧路口》，《梁宗岱文集》第 2 卷，北京：中央编译出版社，2003 年，第 160 页。
③ 穆木天：《谭诗——寄沫若的一封信》，王运熙、沙似鹏《中国文论选》现代卷（上），南京：江苏文艺出版社，1996 年，第 453 页。
④ 穆木天：《谭诗——寄沫若的一封信》，王运熙、沙似鹏《中国文论选》现代卷（上），南京：江苏文艺出版社，1996 年，第 456 页。

种 Magical Power。①

> 所谓纯诗，便是摒除一切客观的写景，叙事，说理以至感伤的情调，而纯粹凭借那构成它底形体的原素——音乐和色彩——产生一种符咒式的暗示力，以唤起我们感官与想象底感应，而超度我们底灵魂到一种神游物表的光明极乐的境遇。像音乐一样，它自己成为一个绝对独立，绝对自由，比现世更纯粹，更不朽的宇宙；它本身底音韵和色彩底密切混合便是它底固有的存在理由。②

与穆木天、梁宗岱观念一致，王独清也从西方象征派的理论中寻找新诗的艺术之路。王独清十分注重诗歌的"音"与"色"："我很想学法国象征派诗人，把'色'与'音'放在文字中，使语言完全受我们底操纵。我们须得下最苦的功夫，不要完全相信什么灵感。"③ 他认为，"（情＋力）＋（音＋色）＝诗"是"理想中最完美的'诗'"的"公式"④。诗歌应该以"异于常人的趣味制出"，这才是"纯粹的诗"。"最好的诗，第一先须要求诗人去努力修养他底'趣味'。"⑤ "诗，作者不要为写作而写作，须为感觉而作（écrire pour sentir），读者也不要为读而读，须要为感觉而读（lire pour sentir）。"⑥ 这些观点对于丰富新诗的艺术表现力有可取之处，但在 1926 年这个革命风起云涌、新文学正在向功利主义和阶级政治急速转向的时候，提倡诗人"做个唯美的诗人"，则有

---

① 穆木天：《谭诗——寄沫若的一封信》，王运熙、沙似鹏《中国文论选》现代卷（上），南京：江苏文艺出版社，1996 年，第 456 页。
② 梁宗岱：《谈诗》，《梁宗岱文集》第 2 卷，北京：中央编译出版社，2003 年，第 87 页。
③ 王独清：《再谭诗——寄给木天、伯奇》，王运熙、沙似鹏《中国文论选》现代卷（上），南京：江苏文艺出版社，1996 年，第 461 页。
④ 王独清：《再谭诗——寄给木天、伯奇》，王运熙、沙似鹏《中国文论选》现代卷（上），南京：江苏文艺出版社，1996 年，第 462 页。
⑤ 王独清：《再谭诗——寄给木天、伯奇》，王运熙、沙似鹏《中国文论选》现代卷（上），南京：江苏文艺出版社，1996 年，第 463 页。
⑥ 王独清：《再谭诗——寄给木天、伯奇》，王运熙、沙似鹏《中国文论选》现代卷（上），南京：江苏文艺出版社，1996 年，第 465 页。

些时宜。

归纳起来说，穆木天、王独清、梁宗岱等人是要用西方现代诗的理念与技巧来打造中国现代新诗的韵味，有很强的现代主义色彩。

六、走向思想

新诗到底该怎么写？到底怎样才算是成功的好诗？在经历了诗歌形式上的各种讨论而莫衷一是之后，终于出现了思想决定论的转向。这种转向有社会时代的因素，也难说就不是诗人自己观念的主动另辟蹊径。

臧克家在《论新诗》中，肯定白话作诗是一种不可倒转的"势"。在新诗的写作上，他更倾向于内容，要求诗要有能反映时代的伟大思想，否定了只写爱与自然之类的风花雪月式的诗歌。臧克家反对用固定的形式来表现生动的内容："关于新诗，我不赞成要一定的形式。无论如何解释，形式一固定便成了一种限制。我们才从旧圈子里跳出来，不能再走入新的圈套，不过也不反对别人在更有理由的底下创造别种关于形式的理论。我个人总觉得形式固定了就像两道长堤一样限制得河流不能更壮阔地奔放。并且伟大的诗人会不受这样的限制……"①

但是臧克家并不是完全否定形式，他针对诗歌的音调和辞藻也谈了自己的看法。在音调方面，他认为，"某种感情和思想适合于某种音节和调子是一定的"，他希望一种具有沉重音节和博大调子的新诗出现。在辞藻方面，他认为，"句子是要深刻，但要深刻到家，深刻到浅易的程度"，而不是艰深和晦涩。②

艾青在其《诗论》（1938—1939年）中指出，诗歌应该有它自己的美学成就："一首诗的胜利，不仅是那诗所表现的思想的胜利，同时也是

---

① 臧克家：《论新诗》，王运熙、许道明《中国文论选》现代卷（中），南京：江苏文艺出版社，1996年，第407页。
② 臧克家：《论新诗》，王运熙、许道明《中国文论选》现代卷（中），南京：江苏文艺出版社，1996年，第408页。

那诗的美学的胜利——而后者，竟常被理论家们所忽略。"① 从美学的角度来探讨新诗，艾青是最早、最明确、最突出的一位，在阐发当时常见的作家作品评论或者诗歌主张之余，为新诗发展提供了新的养分。

艾青对于诗歌的格律持一种辩证的态度，他认为，诗歌应该"在一定的规律里自由或者奔放"②，"节奏与旋律是情感与理性之间的调节，是一种奔放与约束之间的调协"，"格律是文字对于思想与情感的控制，是诗的防止散文的芜杂与松散的一种羁勒；但当格律已成了仅只囚禁思想与情感的刑具时，格律就成了诗的障碍与绞杀"③。从艾青本人来看，他更偏向诗歌的散文化，他指出："艺术的规律是在变化里取得统一，是在参错里取得和谐，是在运动里取得均衡，是在繁杂里取得单纯、自由而自己成了约束。"④

可以说，在这里艾青是比较注重诗歌的艺术性方面的。到了1942年他写作《论抗战以来的中国新诗》时，他已经更多地转到诗歌的社会内容和社会意义上来了。他高度赞扬了抗战以来的诗人们努力让自己的作品成为发自人民的呼声，"以最大的热情，去反映生活"；赞扬诗人们努力去"试探着、寻找着"那种"明显与正确""深沉与强烈""诚挚与坦白""素朴与纯真""健康与清新""控诉与抗议"的语言；赞扬诗人们"更努力着为自己培养丰富的鲜活的形象，浓郁的清新的气息，宽阔的，健康的，素朴的，明朗的风格，强制的，有力的音节与旋律；那些本质的是进步的形式，胜利的形式"⑤。

---

① 艾青：《诗论》，王运熙、张新《中国文论选》现代卷（下），南京：江苏文艺出版社，1996年，第18页。
② 艾青：《诗论》，王运熙、张新《中国文论选》现代卷（下），南京：江苏文艺出版社，1996年，第18页。
③ 艾青：《诗论》，王运熙、张新《中国文论选》现代卷（下），南京：江苏文艺出版社，1996年，第19页。
④ 艾青：《诗论》，王运熙、张新《中国文论选》现代卷（下），南京：江苏文艺出版社，1996年，第18页。
⑤ 艾青：《论抗战以来的中国新诗》，王运熙、张新《中国文论选》现代卷（下），南京：江苏文艺出版社，1996年，第209—210页。

第二章 从"问题"到"主义":现代作家批评的文学价值观(上)

同时,他批评了那些模拟抄袭的或者情感不够深沉、思想力薄弱的诗歌写作,也批评了一些诗人"利用自己的技巧上的一点小成就和组织字句上的小机智,极力铺张和掩盖空虚,使他们的作品常常在浮面上闪烁着文字的光彩,造句的聪明,而里面却是一些伪装的情感,和仅只是一些流行的概念的思想"[①],即那些唯形式主义者或者说艺术至上主义者。

正因为对于新诗的社会内容和时代精神的重视,艾青没有回避政治。他肯定了"诗人们更努力着为自己武装了思想,通过了血的正确的方法与思辨,提高自己的认识,为自己在无数的政治概念,在每个日子的新的变化,与自己的情感之间,寻找调协与融洽,使他们不致在表现的时候,有了罅隙与漏洞,而能达到了完全的一致"[②]。这段话表明他并不反对政治,而是希望政治概念与个人情感要协调融洽,达到表现完全一致的效果。显然,在文学与政治的关系上,艾青持一种辩证的态度。

在这篇序言里,艾青还认为抗战使中国新诗和读者的关系发生了深刻的变化,由于诗晚会、诗壁报、街头诗等样式的提倡推行,诗在报章杂志和书本的印刷之外更增加了许多新的传达和广播的方法,诗人们和读者群众之间的联系更为密切。这样,"中国新诗已为自己找到了更严正的,更可信赖的读者了。而且,也只有拥有着新诗的读者的中国新诗,才有继续繁荣的前途。"[③]

艾青还认为,中国新诗的进步必须以伟大的中国革命为基础,必须以诗人们前赴后继的革命热情为基础,"中国的革命的新诗,也只有依附在中国革命事业一起,才有发展的前途,而且也只有中国革命的真正胜

---

① 艾青:《论抗战以来的中国新诗》,王运熙、张新《中国文论选》现代卷(下),南京:江苏文艺出版社,1996年,第211页。
② 艾青:《论抗战以来的中国新诗》,王运熙、张新《中国文论选》现代卷(下),南京:江苏文艺出版社,1996年,第210页。
③ 艾青:《论抗战以来的中国新诗》,王运熙、张新《中国文论选》现代卷(下),南京:江苏文艺出版社,1996年,第211—212页。

利,才能保障中国新诗的永久的繁荣。"①

新诗发展的"思想转向"是整个现代文学"思想转向""政治转向"的一个缩影,但同时围绕诗歌艺术本身的探索也并未停止。整体来看,现代时期关于新诗的讨论基本在四个维度内展开:通俗大众、形式格律、现代主义、思想素养;直到当代,也仍然是困扰诗歌发展的基本问题。新诗的美学建构是一个未完成的宏大工程,现代诗人们的努力仍是我们当代要不断汲取的精神营养。

第三节　文学性的另一种张扬：以沈从文的批评文体为例

一、沈从文的文学态度

沈从文可能是现代文学史上对于文学最为虔诚的作家了。这位从湘西大山中走出的朴实的年轻人,以其坚定得近乎执拗的品性和单纯拙朴的文笔终于成为令人敬重的伟大作家。在创作的同时,沈从文也写了大量的理论批评文字,对文学发表了许多赤诚的意见。公正地讲,在这些理论批评文字中,沈从文并没有提出什么新的文学观点,更谈不上系统的新理论,这些文字的意义与价值在于它浸透了一颗文学者的赤诚之心,浸透了一种维护文学自身独立品格的文学态度。

沈从文把文学看得很神圣,他认为,文学的意义与价值是促进人性美好、国家重造,这也正是作家的责任与使命。沈从文可谓是五四启蒙精神最忠实的继承者、发扬者。

　　我们得承认,一个好的文学作品,照例会使人觉得在真美

---

① 艾青:《论抗战以来的中国新诗》,王运熙、张新《中国文论选》现代卷(下),南京:江苏文艺出版社,1996年,第217页。

第二章 从"问题"到"主义":现代作家批评的文学价值观(上)

感觉以外,还有一种引人"向善"的力量。我说的"向善",这个词的意思,并不属于社会道德一方面"做好人"的理想,我指的是这个:读者从作品中接触了另外一种人生,从这种人生景象中有所启示,对"人生"或"生命"能作更深一层的理解。①

这个民族遭遇困难挣扎方式的得失,和从痛苦经验中如何将民族品德逐渐提高,全是需要文学来纪录说明的!但一切抽象名词都差不多已失去意义,具体事实又常常挫折到活下来的年青人信仰,并扰乱他们的情感时,在思想上能重新燃起年青人热情和信心的,还是要有好的文学作品!②

我们实需要一种美和爱的新的宗教,来煽起更年青一辈做人的热诚,激发其生命的抽象搜寻,对人类明日未来向上合理的一切设计,都能产生一种崇高庄严感情。国家民族的重造问题,方不至于成为具文,为空话。③

他本人也正是如此做的,他的创作就是以人性的完满健康为宗旨:

我把我的作品永远放在"训练自己达到将来更完全"的一个口号上面,如今让冰季也用了这口号,去向将来努力。④

这世界上或有想在沙基或水面上建造崇楼杰阁的人,那可

---

① 沈从文:《短篇小说》,《沈从文文集》第12卷,广州:花城出版社,1984年,第114页。
② 沈从文:《续废邮存底·给一个作家》,《沈从文文集》第11卷,广州:花城出版社,1984年,第370页。
③ 沈从文:《续废邮存底·美与爱》,《沈从文文集》第11卷,广州:花城出版社,1984年,第379页。
④ 沈从文:《序跋集·冰季同我》,《沈从文文集》第11卷,广州:花城出版社,1984年,第5页。

不是我。我只想造希腊小庙。选山地作基础，用坚硬石头堆砌它。精致，结实，匀称，形体虽小而不纤巧，是我理想的建筑。这神庙供奉的是"人性"。①

我要表现的本是一种"人生的形式"，一种"优美，健康，自然而又不悖乎人性的人生形式"。②

因为将文学看得如此神圣重要，所以沈从文要求作家必须对文学秉持一种端正严肃的态度。他认为，面对创作应该"沉默地努力"，"安详地注意"，"勇于写作而怯于发表"③，因为"创作不需要聪明与敏捷，却不可缺少虔诚持久的一点信心"④，态度是最重要的，"伟大作品的产生，不在作家如何聪明，如何骄傲，如何自以为伟大，与如何善于标榜成名，只有一个方法，就是作家诚实地去做"⑤。需要作家严肃而又认真地对待他的创作："一个诗人很严肃地选择他的文字，一个画家很严肃地配合他的颜色，一个音乐家很严肃地注意他的曲谱，一个思想家严肃地去思索，一个政治家严肃地去处理当前难题。一切伟大问题皆产生于不儿戏。一个较好的笑话，也就似乎需要严肃一点才说得动人。一切高峰皆由于认真才能达到。"⑥

本着这种端正严肃的态度，沈从文批评"为人生"文学的缺点就是不端重、不严肃：

---

① 沈从文：《〈从文小说习作选〉代序》，《沈从文文集》第11卷，广州：花城出版社，1984年，第42页。
② 沈从文：《〈从文小说习作选〉代序》，《沈从文文集》第11卷，广州：花城出版社，1984年，第45页。
③ 沈从文：《〈秋之沦落〉序》，《沈从文文集》第11卷，广州：花城出版社，1984年，第10页。
④ 沈从文：《〈秋之沦落〉序》，《沈从文文集》第11卷，广州：花城出版社，1984年，第11页。
⑤ 沈从文：《文学者的态度》，《沈从文文集》第12卷，广州：花城出版社，1984年，第153页。
⑥ 沈从文：《小说月刊》第1卷第3期卷头语，《沈从文文集》第11卷，广州：花城出版社，1984年，第26页。

第二章 从"问题"到"主义":现代作家批评的文学价值观(上)

人生文学的不能壮实耐久,一面是创造社的兴起,也一面是由于人生文学提倡者同时即是"趣味主义"讲究者。趣味主义的拥护,几乎成为文学见解的正宗,看看名人杂感集数量之多,以及稍前几个作家诙谐讽刺作品的流行,即可明白。讽刺与诙谐,在原则上说来,当初原不悖于人生文学,但这趣味使人生文学不能端重,失去严肃,琐碎小巧,转入泥里,从此这名词也渐渐为人忘掉了。①

讽刺与诙谐,使许多作品用小且神气存在,这是稍前时代一种极不幸的事情。我对这种文学态度,我寻了一个名称,便是"白相文学态度"。②

沈从文批评当时文人的浮躁,希望作家能超脱世俗欲求:"文学作家和科学工作者,在这一点上有个一致性,即工作动力不必要外来奖誉,却发自生命深处的一种超越个人得失理想。"③"一个作家若不能逃脱个人爱憎与社会流行毁誉,想伟大实无希望可言……正因为他看得大,看得远,他才有希望能把工作做好,做得坚实。"④他感叹说:

中国目前新文人真不少了,最缺少的也最需要的,倒是能将文学当成一种宗教,自己存心作殉教者,不逃避当前社会作人的责任,把他的工作,搁在那个俗气荒唐对未来世界有所憧憬,不怕一切很顽固单纯努力下去的人。这种人才算得是有志于"文学",不是预备作"候补新文人"的。⑤

---

① 沈从文:《窄而霉斋闲话》,《沈从文文集》第12卷,广州:花城出版社,1984年,第93页。
② 沈从文:《〈雪〉序》,《沈从文文集》第11卷,广州:花城出版社,1984年,第13页。
③ 沈从文:《新废邮存底·二十》,《沈从文文集》第12卷,广州:花城出版社,1984年,第58页。
④ 沈从文:《新废邮存底·二十》,《沈从文文集》第12卷,广州:花城出版社,1984年,第40页。
⑤ 沈从文:《新文人与新文学》,《沈从文文集》第12卷,广州:花城出版社,1984年,第170—171页。

本着纯正的文学立场和使新文学得到健康发展的诚挚理想，沈从文极力反对直接的功利性的"思想"，反对文学与政治挂钩，反对文学与商业合流。

沈从文尖锐而又深刻地揭露了文学成为商品、成为政治附庸的危害：

> 文运经过"商业"与"政治"两种势力分割后，作家的"天真"和"勇敢"完全消失了，代替它的是油滑与狡诈习气。信仰真理爱护真理的五四精神，一变而为发财升官的功利思想；与商人合作或合股，用一个"听候调遣"的态度来活动，则可以发财。为某种政策帮忙凑趣，用一个阿谀逢迎态度来活动，则可以做官。发财做官的功利思想既变成作家创作活力，表面上尽管十分热闹，事实上已无文运可言。商人官家不仅成为文运发扬者，保护者，同时且是支配者，统治者。①

沈从文指出文学应走的正确的道路：

> 发扬五四精神，使文运重造与重建，是关心它的前途或从事写作的人一件庄严的义务。我们必须努力的第一件事，是重新建设一个观念，一种态度，使作者从"商场"与"官场"拘束中走出，依然由学校培养，学校奠基，学校着手。作品不当作商品与官场的点缀品，所谓真正的时代精神与历史得失，方有机会表现。而且这种作品中所浸透的人生崇高理想，与求真的勇敢的批评精神，方能启发教育读者的心灵。②

后来，沈从文对功利主义、对政治的态度有所改变，并不完全排斥文学的功利性，但是还是有其底线：有利于人性的完善，有利于民族的重造。他要求文学承担更为高尚更为远大的责任，仍然坚守住了"五四"的启蒙立场：

---

① 沈从文：《文运的重建》，《沈从文全集》第 12 卷，太原：北岳文艺出版社，2002 年，第 82 页。

② 沈从文：《文运的重建》，《沈从文全集》第 12 卷，太原：北岳文艺出版社，2002 年，第 83 页。

个人对于诗与政治结合不仅表示同意,还觉得应再进一步。政治在当前正导演着民族无可奈何的悲剧,是尽人皆知的事。世界事一例交给"政治",在习惯上即永远是纵横捭阖,继以剑戟刀枪。中国近三十年特别训练政治哲学之一章,更是持刀而前相对而砍见个胜败。虽导演人各有专长,却终不出以民命国运作注,取个赌博方式,决定前途;极少能够在这个方式外,在驱人死亡迫人疯狂方式以外,于科学和艺术观点上,建设一个进步理想或一种进步事实。在这种情形下,一个诗人若仅仅以工作能依附政治,推动政策,用处未免太小。诗人不只是个"工作员",还必须是个"思想家"!我们需要的就只是这么一群思想家。这种诗人不是为"装点政治"而出现,必须是为"重造政治"而写诗!①

文学的功利主义已成为一句拖文学到卑俗里的言语,不过,这功利若指的是可以使我们软弱的变成健康,坏的变好,不美的变美,就让我们从事文学的人,全在这样同清高相反的情形下努力,学用行商的眼注意这社会,较之在迷胡里唱唱迷人的情歌,功利也仍然还有些功利的好处。②

二、沈从文的批评文体

对于文学近乎宗教信仰般的虔诚之心,对于文学性的执着坚守,表现在沈从文的文学创作中,同样充分表现在沈从文的文论与批评中。沈从文严肃执着的文学态度造就了他鲜明而独特的批评文体风格,在现代文学批评史上有着不容忽视的地位,只是在很长一段时间里,在一般人

---

① 沈从文:《一首诗的讨论》,《沈从文全集》第17卷,太原:北岳文艺出版社,2002年,第478—479页。
② 沈从文:《窄而霉斋闲话》,《沈从文文集》第12卷,广州:花城出版社,1984年,第95页。

们的眼里,他的批评家的身份被他作家的光芒掩盖住了。

一个批评家的批评文体风格,是在他的批评观念、批评方法技巧、批评语言等方面综合体现的。

如前所述,沈从文并不是一个理论家,他也无意于理论本身的完整或创新,他只是秉持文学本位的虔诚态度,从严肃端正的文学趣味出发,坚持文学的独立与纯正,这就是他全部的批评观念。他以此看待他的批评对象,也以此要求自己的批评文章。因此,沈从文的文学批评,不像茅盾那样关注作品在反映社会内容中体现出来的思想水准,不像鲁迅那样致力于从作品的力度去开掘作家的精神力度,更不像钱杏邨等人那样追究作品的政治意义,其只关注作者的文学态度,作品的艺术风格、艺术技巧。总而言之,一个字:美。

比如,他对于徐志摩作品的评论。徐志摩在当时是一位颇有争议的诗人,沈从文在品评他的诗文时抛开了徐志摩的世界观、社会意识、政治理想、个人信仰等复杂的思想背景,只是专注地体验徐志摩对现世光色的敏感,对于文字性能的敏感:徐志摩作品给我们感觉是"动","文字的动,情感的动,活泼而轻盈,如一盘圆台珠子,在阳光下转个不停,色彩交错,变幻炫目"。①

又比如,他对于鲁迅的批评。他在《由冰心到废名》一文中,评论鲁迅的杂文时,撇开具体人事,消去刀光烟火;在评论鲁迅的《野草》时,忽略思想信仰,不谈人生历练,只呈现其作品纯粹的风格之美:"好像凡事早已看透看准,文字因之清而冷,具剑戟气。不特对社会丑恶表示抗议时寒光闪闪,有投枪意味,中必透心。即属于抽抒个人情绪,徘徊个人生活上,亦如寒花秋叶,颜色萧疏。"②

再请看这两段:

---

① 沈从文:《从徐志摩学习抒情》,《抽象的抒情》,上海:复旦大学出版社,2004年,第146页。

② 沈从文:《由冰心到废名》,《抽象的抒情》,上海:复旦大学出版社,2004年,第158页。

鲁迅的创作，却以不同的样子产生了。写《狂人日记》，分析病狂者的心的状态，以微带忧愁的中年人感情，刻画为"历史"所毒害的一切病的想象。在作品中，注入嘲讽气息。因为所写的故事超拔一切，同时创作形式，文字又较之其他作品为完美，这作品，便成为当时动人的作品了。[①]

在《呐喊》上的《故乡》与《彷徨》上的《示众》一类作品，说明作者创作所达到的纯粹，是带着一点儿忧郁，用作风景画那种态度，长处在以准确鲜明的色，画出都市与农村的动静。作者的年龄，使之成为沉静，作者的生活各种因缘，却又使之焦躁不宁，作品中憎与爱相互混合，所非常厌恶的世事，同时显出非常爱着的固执，因此作品中感伤的气氛，并不比郁达夫为少。[②]

在这里，我们可以看出，沈从文"鲁迅论"的重点不在当时人们广泛注意的思想内容上，而是敏锐地发现了鲁迅作品中悲悯同情、忧郁感伤的情感特质，一种交融了人生经验与时代内容的复杂情愫。鲁迅集文学家、思想家、革命家于一身，他的作品有着丰富的社会政治内涵和思想文化深度，挖掘、阐发、弘扬鲁迅的思想，以思想性、政治性的标准来衡量鲁迅的价值与地位，有着无可厚非的重要意义，这是当时人们论鲁迅时普遍的做法，直到今天也仍是阐释鲁迅的主流。但是，沈从文表现出了特立独行的姿态，面对政治性、思想性、革命性、艺术性复杂交织的鲁迅，沈从文径直抓住鲁迅作品的审美情感进行鉴赏品味，将思想的鲁迅、政治的鲁迅还原为文学的鲁迅。这显然是一种独具一格的文学性视角。

[①] 沈从文：《论中国创作小说》，《抽象的抒情》，上海：复旦大学出版社，2004年，第60页。

[②] 沈从文：《论中国创作小说》，《抽象的抒情》，上海：复旦大学出版社，2004年，第61页。

因为专注于批评对象的文学之美，所以沈从文不注重作品的社会时代内容。他有时论及"时代背景"，也更多的是时代的社会趣味、文学心态的背景，而非政治经济的背景；或者所揭示的也不过是影响文学发展的一种隐约的时代的氛围、气息，而不是时代本身的社会含义或社会价值。比如在《论闻一多的〈死水〉》一文中，他先讲 1920 年以来读者的心情，在郭沫若和徐志摩的浸染中，在这样的文学氛围背景下（由文学造就的时代风气）对比出闻一多的《死水》的独特性（非常寂寞的样子产生）。又比如在《郁达夫张资平及其影响》一文中，他也是将他们放在文学青年心理需求、文学趣味和礼拜六派发展的背景中。

　　相较于社会批评派习惯以社会背景来分析创作的动因与内涵，沈从文则更侧重于从作家的人格来分析他们的创作，或者从创作中来品咂作家的人格魅力。他认为，"一切作品都需要个性，都必须浸透作者人格和感情"①。18 世纪，法国的文学家布封有句名言——"风格即人"，沈从文倒是有着与之基本一致的人本主义态度。在沈从文的眼里，鲁迅"以微带忧愁的中年人感情"写就《狂人日记》②；叶绍钧"永远以一个中等阶级的身份与气度，创作他的故事"，又"以作父亲的态度，带着童心"写成《稻草人》③；冰心则"用着母性一般的温暖的爱"写成她的《超人》小说集④；周作人"用平静的心，感受一切大千世界的动静，从为平常眼睛所疏忽处看出动静的美，用略见矜持的情感去接近这一切"，是缘于他"僧侣模样领会世情的人格"⑤；施蛰存则"以一个自然诗人的态度，观察一切世界姿态，同时能用温暖的爱，给予作品中以美和调和的

---

① 沈从文：《从文小说习作选·代序》，《抽象的抒情》，上海：复旦大学出版社，2004 年，第 354—355 页。
② 沈从文：《论中国创作小说》，《抽象的抒情》，上海：复旦大学出版社，2004 年，第 60 页。
③ 沈从文：《论中国创作小说》，《抽象的抒情》，上海：复旦大学出版社，2004 年，第 61—62 页。
④ 沈从文：《论中国创作小说》，《抽象的抒情》，上海：复旦大学出版社，2004 年，第 63 页。
⑤ 沈从文：《论冯文炳》，《抽象的抒情》，上海：复旦大学出版社，2004 年，第 101 页。

人格",但也正是这种"自然诗人"的人格使得他的作品"拘于纤细,缺少粗犷"①;汪静之则是"带着孩气的任性","使这幼稚的心灵,同情欲意识连接成一片"②,把他的《蕙的风》写成了;等等,读来别有一番风味,别有一种生气。

沈从文对那些简单呼应时代要求、时代趣味的作品评价很低,他认为那些记着时代却忘了艺术的"差不多"的风气是"引导作者向下坡路走去"③,"毁坏了中国新文学的前途"④。比如他说,"时代稍过,作品同本人生活一分离,淦女士的作品,却以非常冷淡的情形存在,渐渐寂寞下去了"⑤,"时代这东西,影响一切中国作者,在他们作品中,从不缺少'病的焦躁',十年来年青作者作品的成就,也似乎全在说明到这'心上的不安',然而写出的却缺少一种遐裕,即在作家中如叶绍钧《城中》一集,作者的焦躁便十分显明的"⑥。而他对那些能够超出简单的"时代"表现,而沉静于作家固有艺术本性和眼光的创作则赞赏有加:

> 把创作在一个艺术的作品中去努力写作,忽略了世俗对女子作品所要求的标准,忽略了社会的趣味,以明慧的笔,去在自己所见及的一个世界里,发现一切,温柔地也是诚恳地写到那各样人物姿态,叔华的作品,在女作家中别走出了一条新路。……作者在自己所生活的一个平静世界里,看到的悲剧,是人生琐碎的纠葛,是平凡现象中的动静,这悲剧不喊叫,不呻吟,却只是"沉默"。……作者的描画,疏忽到通俗的所谓"美",

---

① 沈从文:《论施蛰存与罗黑芷》,《抽象的抒情》,上海:复旦大学出版社,2004年,第125页。
② 沈从文:《论汪静之的〈蕙的风〉》,《抽象的抒情》,上海:复旦大学出版社,2004年,第178页。
③ 沈从文:《作家间需要一种新运动》,《抽象的抒情》,上海:复旦大学出版社,2004年,第45页。
④ 沈从文:《再谈差不多》,《抽象的抒情》,上海:复旦大学出版社,2004年,第53页。
⑤ 沈从文:《论中国创作小说》,《抽象的抒情》,上海:复旦大学出版社,2004年,第70页。
⑥ 沈从文:《论中国创作小说》,《抽象的抒情》,上海:复旦大学出版社,2004年,第71页。

却从稍稍近于朴素的文字里，保持到静谧，毫不夸张地使角色出场，使故事从容地走到所要走到的高点去。每一个故事，在组织方面，皆有缜密的注意，每一篇作品，皆在合理的情形中"发展"与"结束"。在所写及的人事上，作者的笔却不为故事中卑微人事失去明快，总能保持一个作家的平静，淡淡的讽刺里，却常常有一个悲悯的微笑影子存在。……叔华女士的作品，不为狭义的"时代"产生，为自己的艺术却给中国写了两本好书。①

当然，沈从文并不是唯艺术主义者，他也有追求文学之"用"与"善"的一面。他的用，不是那种急功近利的世俗功利或政治功利，而是对于人性对于民族的精神提升："这个民族遭遇困难挣扎方式的得失，和从痛苦经验中如何将民族品德逐渐提高，全是需要文学来纪录说明的！"② 而他的善，也不是一般的道德，而是对健全人格优美人性的培育："我说的'向善'，这个词的意思，并不属于社会道德一方面'做好人'的理想，我指的是这个：读者从作品中接触了另外一种人生，从这种人生景象中有所启示，对'人生'或'生命'能作更深一层的理解。"③

要真正把握批评对象的文学性，最好的途径就是以文学的方式切入。也就是以文学性的思维进入批评，以文学性的方式技巧展开批评，以文学性的语言表达批评。在沈从文那里，则表现为直觉感悟，印象鉴赏，诗性表达。这是沈从文的长处，也体现了沈从文文学批评的重要形式特征。

沈从文的批评思维是直觉感悟的，直觉感悟的结果则呈现为主观印

---

① 沈从文：《论中国创作小说》，《抽象的抒情》，上海：复旦大学出版社，2004年，第70—71页。

② 沈从文：《续废邮存底·给一个作家》，《沈从文文集》第11卷，广州：花城出版社，1984年，第370页。

③ 沈从文：《短篇小说》，《沈从文文集》第12卷，广州：花城出版社，1984年，第114页。

象，这是因为艺术直觉总是伴随着具体的感性形象，艺术直觉天然地具有印象性的特点。因此，在沈从文的批评那里我们看不到清晰理性的概念术语，看不到规范理智的演绎归纳，也看不到条分缕析的逻辑结构，始终只有一种浑然天成妙手偶得似的印象式的欣赏与感悟。比如，他论落华生：

> 在中国，以异教特殊民族生活作为创作基本，以佛经中邃智明辨笔墨，显示散文的美与光，色香中不缺少诗，落华生为最本质的使散文发展到一个和谐的境界的作者之一（另外的周作人，徐志摩，冯文炳诸人当另论）。这调和，所指的是把基督教的爱欲，佛教的明慧，近代文明与古旧情绪糅合在一处，毫不牵强地融成一片。作者的风格是由此显示特异而存在。①

沈从文没有分析落华生作品中的宗教成分，没有分析这宗教是如何影响落华生的，也没有分析他的作品又是怎样体现这种宗教意识的，只是轻轻点出落华生的散文有宗教意蕴，然后就用美妙的比喻进行描绘形容，传达对落华生散文异国风物的题材、诗的意境的瞬间感受，从他散文缥缈、斑驳的异域色彩抓住其和谐美的精神实质，完全是直觉体验的审美印象而非理智分析的逻辑结论。

这种艺术直觉使沈从文的批评呈现出风格评论的整体性特征。在沈从文那里，每一篇评论几乎都是对作家作品整体风格的体认。沈从文有一个很风格化的特点，就是他喜欢在文章的显要处，或者是开宗明义，或者是文中第一次提到作家作品的时候，就对作家作品的整体风格加以定论式的诗化概括，作出风格定位，并且有个明显的句式特点，即都以倒装句强调突出对象的风格。

比如，在开头的有：

> 从五四以来，以清淡朴讷文字，原始的单纯，素描的美，支配了一时代一些人的文学趣味，直到现在还有不可动摇的势

---

① 沈从文：《论落华生》，《抽象的抒情》，上海：复旦大学出版社，2004年，第115页。

力，且俨然成为一特殊风格的提倡者与拥护者，是周作人先生。①

使诗歌放在一个"易于为读者所接受的平常风格"下存在，用字，措辞，处置那些句子末尾的韵，无一不"平常"，然而因为这点理由，反而得到极多的读者，是焦菊隐的诗歌。②

使诗的风度，显着平湖的微波那种小小的皱纹，然而却因这微皱，更见出寂静，是朱湘的诗歌。③

这是在文中的，一般是在首次提到作家作品之时：

以被都市物质文明毁灭的中国中部城镇乡村人物作模范，用略带嘲弄的悲悯的画笔，涂上鲜明正确的颜色，调子美丽悦目，而显出的人物姿态又不免有时使人发笑，是鲁迅先生的作品独造处。④

以一个东方民族的感情，对自然所感到的音乐与图画意味，由文字结合，成为一首诗，这文字，也是采取自己一个民族文学中所遗留的文字，用东方的声音，唱东方的歌曲，使诗歌从歌曲意义中显出完美，《采莲曲》在中国新诗的发展上，也是非常有意义的。⑤

无论是在开头还是在其他地方，这样的高度概括，都体现了沈从文高超敏锐的艺术感觉。这是一个伟大作家的必备基本素质。沈从文不仅

---

① 沈从文：《论冯文炳》，《抽象的抒情》，上海：复旦大学出版社，2004年，第101页。
② 沈从文：《论焦菊隐的〈夜哭〉》，《抽象的抒情》，上海：复旦大学出版社，2004年，第198页。
③ 沈从文：《论朱湘的诗》，《抽象的抒情》，上海：复旦大学出版社，2004年，第211页。
④ 沈从文：《论施蛰存与罗黑芷》，《抽象的抒情》，上海：复旦大学出版社，2004年，第124页。
⑤ 沈从文：《论朱湘的诗》，《抽象的抒情》，上海：复旦大学出版社，2004年，第218页。

在创作上，而且在批评上将之发挥到了极致。而且这种表达本身就给读者以刹那的鲜明的整体意象感觉，让读者也仿佛进入了直觉的瞬间体验。

直觉感悟的方式与审美印象的传达，使沈从文的批评文章显示出诗性的美。这又是与沈从文批评文章的语言修辞分不开的。为了更好地传达美的印象，沈从文积极调动各种修辞手段，用得比较多的是联想比较和比喻通感。沈从文在谈到某一作家作品给自己的印象与感受时，常以其他作家或作品作参照，显示出其敏锐的艺术感觉和宽阔的批评视野：

> 周作人和鲁迅作品，从所表现思想观念的方式说似乎不宜相提并论：一个近于静静的独白；一个近乎恨恨的咒诅。一个充满人情温暖的爱，理性明莹虚廓，如秋天，如秋水，于事不隔；一个充满对于人事的厌憎，情感有所蔽塞，多愤激，易恼怒，语言转见出异常天真。然而有一点却相同，即作品的出发点，同是一个中年人对于人生的观照，表现感慨。这一点和徐志摩实截然不同。从作品看徐志摩，人可年轻多了。①

> 同样在文字上都见出细雕的努力，施蛰存君作品中人物展开时，仿佛作者是含着笑那样谦虚，而同时，还能有那暇裕，为作品中人物刷刷鞋子同调理一下嗓子。就是言语，行动，作者也是按照自己所要求的形式出场的。罗黑芷君这方面有了疏忽，比许多中国作者都大。许钦文能在一支笔随便的挥洒下，把眼底人物轮廓浮出，似乎极不费事。冯文炳小气似的用他那干净的笔写五句话，一个人物也就跃到纸上了。罗黑芷是不会做这个工作的。②

由一个作家、一种风格而联系起一系列其他作家与风格样式，不仅

---

① 沈从文：《从周作人鲁迅作品学习抒情》，《抽象的抒情》，上海：复旦大学出版社，2004年，第147页。
② 沈从文：《论施蛰存与罗黑芷》，《抽象的抒情》，上海：复旦大学出版社，2004年，126—127页。

使沈从文的审美印象表达更鲜明、更丰富，也使他对作家作品的定位更显清晰与准确，有时更可以见出作家在不同时期，或者作家之间、时代之间，艺术风格、文学趣味的渊源影响与传承流变。

　　沈从文为了更精微地表达自己对作品的审美风格的直觉印象，还多运用比喻、通感等艺术手法来增加直观性、形象性。在这方面，他充分展示了一个作家丰富而敏锐的艺术感觉，各种精妙的比喻，细腻的通感，突破语言的局限，丰富了表情达意的审美情趣，起到增强文采的艺术效果。他嗅到了冯文炳作品中"那略带牛粪气味与略带稻草气味的乡村空气"；① 他看到了陈梦家的诗"句子的美皆有一种放荡的姿态，仍见出十分矜持"②；他听出落华生的作品"用的是中国的乐器"，"奏出了异国的调子"，"那永远是东方的，静的，微带厌世倾向的，柔软忧郁的调子"③。在这些地方，深刻思想与真切情感转化为具象的声、光、色、味的效果，调动各种感官共同参与对审美对象的感悟，克服审美对象知觉感官的局限，从而使文章产生的美感更加丰富和强烈，带来无穷的审美享受。

　　所有的这些最终都通过美文化的语言呈现。沈从文的批评文章在用词遣句方面颇为讲究，注重字词本身的精致、诗意，就像他用抒情、优美、健康、自然的笔触创造别具风格的小说一样，他也用抒情、优美、健康、自然的笔触创造着别具风格的批评文章，如抒情小诗，情趣盎然，又如国画写意小品，韵味无穷。读他的批评文章，就像读优美的散文，真知灼见融会在清词妙句之中。

　　总之，沈从文文学批评的结论是一种审美印象，这种审美印象来自纯粹的审美直观，批评的表达又是纯粹的审美表达。沈从文的这种批评风格，很多研究者把它与西方的印象批评（也称印象主义批评）相联系。

---

　　① 沈从文：《论冯文炳》，《抽象的抒情》，上海：复旦大学出版社，2004年，第102页。
　　② 沈从文：《群鸦集》附记，《沈从文全集》第16卷，太原：北岳文艺出版社，2002年，第311页。
　　③ 沈从文：《论落华生》，《抽象的抒情》，上海：复旦大学出版社，2004年，第116页。

第二章 从"问题"到"主义":现代作家批评的文学价值观(上)

印象批评是"一种以传达批评家对文学作品的直觉感受和主观印象为主的批评方法","思维方式的直觉感悟性"是其基本特征之一。① 印象批评又具有唯美的倾向,重视捕捉与表现刹那间的美的感觉。的确,从直觉和唯美的角度,沈从文的批评堪称印象批评的典型。但是,如果我们注意到沈从文不一定有多少西方印象主义批评的学理知识,更没有所谓"理论的自觉"的话,那么更符合实际的判断应该是沈从文更多地汲取了中国古典的文艺精髓。温儒敏曾在对沈从文的《论中国代创作小说》与鲁迅的《小说二集·导言》进行比较时指出:

> 两文在批评体式上都属传统的"评点式",从容安详,薄言情语,悠悠天韵。这在沈从文是相当明智的,凝聚批评统合力,借着他的直感式的体悟予以提拔飚发,是他区别于朱光潜、李长之、梁宗岱,甚至李健吾的地方。竭力排斥切割分析的机制而又不排斥分析本身,反映了他对传统批评的借鉴,也反映了一个中国现代文学批评家对西方批评用理性的先验尺度析离对象有机性的警惕。②

温儒敏认为,沈从文的文体特征是"评点"的体式,指出了沈从文与传统的联系。其实说沈从文发扬光大的是中国传统的"诗话",可能更加准确。"诗话"的一个特征就是"以诗解诗",也就是重在批评主体的自我审美感受的传达,即批评主体以自己再创造的形象来解释作品的形象,用自己形象思维去品评作家的形象思维,不阻断、破坏作品形象的整体性,不用抽象的逻辑思维去演绎、归纳、推理、阐释作品形象的内在含义。"诗话"重情趣而轻理性,与中国后来出现的"小说评点"还不一样,后者实际上已经有了很明显的理性议论了,就像唐诗尚情,宋诗重理一样。

从文学批评史角度来说,沈从文继承古典诗学批评的衣钵,又注入

---

① 王先霈主编:《文学批评原理》,武汉:华中师范大学出版社,1999年,第92页。
② 温儒敏:《中国现代文学批评史》,北京:北京大学出版社,1993年,第277页。

了现代的精神，使"诗话"这种古典时代典型的批评模式又焕发了新的光彩。我们今天正在探讨中国古代文论的现代转换问题，沈从文的批评实践是可以给我们许多启示的。也许我们应该说，沈从文早就是中国古代文论现代转换的一个成功实验者？从文学史的意义上讲，沈从文的这些批评实践对于新文学的健康发展也发挥了重要作用，彰显批评对象的美与风格，致力优美批评文本的写作，让日渐非文学化的批评，回归文学的本位，与当时盛行的以茅盾为代表的"社会—历史"批评方法与文体形成强烈对照。在这种批评文体的背后，是一种信奉文学之独立性、纯粹性的现代文学意识，这种意识在 20 世纪 30 年代正遭到急剧政治化的另一种现代文学意识的强力压制。那么，沈从文的执着坚守与高标独举，对于新文学的发展而言，无疑是一种有益的制衡力量或者解毒剂。

可以说，沈从文的批评文本与批评写作本身就是"文学性"的高度体现与张扬。周作人说："我相信批评是主观的欣赏不是客观的检察，是抒情的论文不是盛气的指摘。"① 郁达夫说："批评家同时亦创作家也，因批评文字，不得不清晰美丽，有力动人。"② 沈从文自己在《现代中国作家评论选·题记》里谈到他的批评观时也说："写评论的文章本身得像篇文章……"③ 沈从文自己的批评写作正是这些观念的完美体现，他的批评不仅赏析对象的文学性的精妙，自身也是一篇篇充满情致、精妙动人的美文，正所谓"本身像篇文章"。在这种文体风格的背后，是有艺术良知的作家对于文学性的另一种坚守与张扬。

---

① 周作人《自己的园地·旧序》，《自己的园地 雨天的书》，长沙：岳麓书社，1987 年，第 2 页。

② 郁达夫：《批评的态度》，《郁达夫文论集》，杭州：浙江文艺出版社，1985 年，第 539 页。

③ 沈从文：《〈现代中国作家评论选〉题记》，《沈从文文集》第 11 卷，广州：花城出版社，1984 年，第 35 页。

第三章 从"问题"到"主义":现代作家批评的文学价值观(下)

现代文学并不是古典文学水到渠成、瓜熟蒂落式的自然演化,而是晚清以来社会、经济、政治、文化异动强行(有意)造成的。因此,现代文学自开始就不是脱离火热的社会政治生活而独自营构的美的天地。现代文学作为对现代生活的回应,必然负载了厚重的社会政治因素,即使是它的"文学性",也是符合现代社会发展要求的"文学性"。

社会政治也给了现代文学广阔的发展空间和深厚的发展基础。离开了社会政治等时代因素就无法理解现代文学为什么会几乎一夜之间推翻和取代了数千年的古典文学,无法真正揭示现代文学的价值之所在。其之所以为"现代"的东西也许主要原因并不在于文学本身,正如罗岗所质询的那样:"假如现代的某一名篇可以像唐诗宋词那样完全剥离了语境(唐诗宋词难道真的可以这样吗?)来做静态的赏析,那么它写在唐朝、宋朝和民国还有什么意义呢?"[①]

因此,现代文学批评必然要分析那些制约现代文学的诸种外部条件,探究这些外部因素怎么进入文学并成为文学的内部质素,回答文学与它们究竟存在怎样的联系以及这种联系的意义何在。能够指出或回答这些问题的文学批评才是真正具有"现代文学意识"的文学批评。在这个方面,现代文学作家作为参与者,同样有着更为深切的体会。而且,现代文学批评自身也受到这些"现代"因素的影响和制约,成为"现代"的

[①] 罗岗:《危机时刻的文化想像》,南昌:江西教育出版社,2005年,第5页。

产物和标本。

这一章主要探讨新文学作家们如何处理文学的功利主义走向，特别是政治走向问题。对于那些承认文学应该体现明确功利性的作家来讲，一是必须论证文学体现或者服务功利目的的合理性；二是必须解答在功利主义的前提下或者政治框架内，文学该如何表现自身的特性的问题。

第一节 "为人生"：超越纯文学

无论是从现代文学的风貌特点来看，还是从现代文学在中国现代文化思想史上的实际意义和价值来看，都是局限于文学本身来看问题，是很难贴近现代文学自身的。

鸦片战争以后，有识之士都能意识到变革的意义与迫切性。摆在国人面前的基本的历史命题是，如何促进中国古老的民族文化，从封闭的、僵硬的传统状态向现代化转换。现代文学时期，"物质层面""制度层面"的变革很早就已经开始，但无情的现实证明了这远远不足以拯救我们这个民族，远远没有深入根本，因此"文化思想层面"的变革呼声日益高涨。

所以，文学的地位开始重要起来。例如，鲁迅认为，文学"是国民精神所发的火花，同时也是引导国民精神的前途的灯火"[①]。显然，他把文学的作用看得很重。

同样信奉类似功利主义的现代文学史上的很多作家并不能算是一个纯粹的作家，他们从事文学创作的最初目的往往不是纯文学的，甚至可以说是"非文学"的。比如胡适，他提出"白话文学"的口号，目的并不是纯粹在于文学本身的变革，而是在于整个社会的变革。所谓"文学

---

① 鲁迅：《论睁了眼看》，《鲁迅全集》第 1 卷，北京：人民文学出版社，2005 年，第 254 页。

的国语,国语的文学",与"国语运动"联系起来,文学就融进现代民族国家建构的宏大话语中去了,再不是一个能独善其身的象牙塔。虽然胡适的希冀是在文化建构的层面,而不是介入狭义的阶级政党的政治之中,但文学的功利性大门已经打开,此后文学从思想激进到政治,就不是他所能控制的了。

这也是时代的需要与必然。"大时代"需要"大文学",需要能直面现实推动社会的文学,而不是文人个人趣味的圈子文学。文学参与到社会变革与进步中,在"美"之外也追求文学的"用",是作家们的普遍的主动行为。

因此,"现代文学意识"除了"文学"本身的意识,还有很重要的一面,那就是关于文学所承载的思想内容的意识和文学所担负的社会价值的意识。新文学(现代文学)通过"文学革命"否定了古典时期的"文以载道",否定了古典的"道",却承担起了新时代的"道"。

这个问题在文学理论上,首先是从"为人生"开始的。

"为人生而艺术"可以说是现代文学最早的文学理念之一。在现代文学作家中,周作人应该是最早深入思考文学与人生问题的。周作人在1918年2月7日所作的《人的文学》中,就提出"用这人道主义为本,对于人生诸问题,加以记录研究的文字,便谓之人的文学",这人生可以是正面的、理想的,也可以是侧面的、平常的或者非人的,以此明白人生实在的情状,与理想生活比较出差异与改善的方法。[①] 这表明他心目中的现代文学——人的文学,是与人生紧密相关并有益于人生的。在稍后的《平民的文学》中,则有更具体的阐明:"平民文学应以普通的文体,写普遍的思想与事实。我们不必记英雄豪杰的事业,才子佳人的幸福,只应记载世间普通男女的悲欢成败。因为英雄豪杰才子佳人,是世上不常见的人;普通的男女是大多数,我们也便是其中的一人,所以其

---

① 周作人:《人的文学》,杨扬编《周作人批评文集》,珠海:珠海出版社,1998年,第32页。

事更为普通，也更为切己。"① 刘锋杰认为，"在中国现代文学思想中，周作人的这一段话，可以被看做是人生派文学思想的最早宣言，亦可被看做是现实主义创作原则的最高界定"②。周作人关于文学与人生关系的思想，后来被他写进了文学研究会的成立宣言中："将文艺当作高兴时的游戏或失意时的消遣的时候，现在已经过去了。我们相信文学是一种工作，而且又是于人生很切要的一种工作；治文学的人也当以这事为他终身的事业，正同劳农一样。"③ 虽然茅盾并不承认文学研究会有明确固定的共同主张，但实际上这段话一直被视为文学研究会的基本纲领，在其时也几乎是全体新文学界的共同观念，因为稍后成立的创造社的成员还在国外。

在《文学上的俄国与中国》一文中，周作人说：

> 俄国近代的文学，可以称作理想的写实派的文学；文学的本领原在于表现及解释人生，在这一点上俄国的文学可以不愧称为真的文学了。④

> ……我们可以看出他的特色，是社会的，人生的。俄国的文艺批评家别林斯基以至托尔斯泰，多是主张人生的艺术，固自很有关系，但是他们的主张能够发生效力，还由于俄国社会的特别情形，供给他一个适当的背景。……中国的特别国情与西欧稍异，与俄国却多相同的地方，所以我们相信中国将来的新兴文学当然的又自然的也是社会的，人生的文学。⑤

---

① 周作人：《平民的文学》，杨扬编《周作人批评文集》，珠海：珠海出版社，1998年，第39页。
② 刘锋杰：《中国现代六大批评家》，北京：北京大学出版社，2005年，第66页。
③ 《文学研究会宣言》，《文学研究会评论资料选》（上），上海：华东师范大学出版社，1986年，第279页。
④ 周作人：《文学上的俄国与中国》，杨扬编《周作人批评文集》，珠海：珠海出版社，1998年，第261页。
⑤ 周作人：《文学上的俄国与中国》，杨扬编《周作人批评文集》，珠海：珠海出版社，1998年，第263—264页。

这说明周作人的文学思考与选择始终是联系着人生社会现实的,并不仅仅是个人兴趣。

但要注意的是,周作人一直讲的是"人生"而不是"为人生",虽一字而差别大矣。"人生的艺术"只是说明文学与人生关系密切,治文学必须有正确的认识和严肃的态度;而"为人生"则突出了目的性、功利性。

周作人后来讲"平民文学",也只是讲治文学的一种精神态度,而不代表功利立场。周作人说,平民文学不一定要平民创造,它在作者方面没有规定;"平民文学"也不是专写给平民看的,它在接受者方面没有规定,"决不单是通俗文学","不必个个'田夫野老'都可领会";"平民文学"也不一定是写平民生活的,在作品题材方面也没有规定。"平民"既不是作者,也不是读者,更不是题材内容,那"平民文学"的关键在哪里呢?关键在作品的精神。周作人认为,与"贵族文学"的偏于部分、修饰、享乐、游戏相对,"平民文学"是"内容充实""普遍"与"真挚"的文学,是"研究平民生活——人的生活——的文学";不是对平民施舍同情的"慈善主义的文学",是"具有平民精神的文学"。

但是,周作人的这些说法显得很抽象,很形而上,作为一种哲学思辨也许精彩,但是要落实到具体的写作实践上,未免太玄虚。所以,不管是有意还是无意的误读,周作人的"人的文学""平民的文学"都很快被题材化了:"人的文学"变成"为人的文学","人生的艺术"变成"为人生的艺术","平民文学"变成"为平民的文学"。接下来,很自然地就要延伸到"为什么人、为怎样的人生"的问题,显然就和阶级、工农、革命这些政治脱离不了纠葛了。

茅盾是这个转换中很典型的一个作家,对这个转变也起到了至关重要的作用。

在现代文学作家中,对"为人生"的主张与理念展开得最全面、表达得最充分的当属茅盾。

茅盾在第一篇文学论文《现在文学家的责任是什么?》中,就阐发了"为人生"的主张。"文学是为表现人生而作的。文学家所欲表现的人生,决不是一人一家的人生,乃是一社会一民族的人生。"① 这里强调的是一种连接广阔社会现实的人生。在《中国文学不能健全发展之原因》中,茅盾也说:"文学是人生的反映;须要忠实地描写人生,乃有价值。即如个人抒情写怀,亦必啼笑皆真,不为无病之呻,然后其作品乃有生命。"②

对于文学应该为人生,茅盾还试图用文学史的发展规律来加以证明:

> 翻开西洋的文学史来看,见他由古典——浪漫——写实——新浪漫……这样一连串的变迁,每进一步便把文学的定义修改了一下,便把文学和人生的关系束紧了一些,并且把文学的使命也重新估定了一个价值。虽则期间很多参差不齐的论调,——即当现代也不能尽免——然而有一句总结是可以说的,就是这一步进一步的变化,无非欲使文学更能表现当代全体人类的生活,更能宣泄当代全体人类的情感,更能声诉当代全体人类的苦痛与期望,更能代替全体人类向不可知的运命作奋抗与呼吁。③

刘锋杰曾指出:"茅盾的这种描述不是很准确的。因为在文学史上,并不存在着文学与人生没有关系的时期。我们不能说在原始时期,文学与人生的关系没有现在的更为接近;也不能说,现在的人生与文学的关系没有原始时期的紧密。但是,茅盾在此把文学与人生的关系看做是一个不断束紧的过程,把文学对于人生的作用看做是一个不断强化的过程,表明了此时的他已带有强烈的主体意识,要把文学对于人生的作用作为文学发展的规律肯定下来。"④ 实际上,茅盾的这种似是而非的并不科学

---

① 茅盾:《现在文学家的责任是什么?》,《茅盾文艺杂论集》上集,上海:上海文艺出版社,1981年,第3页。
② 茅盾:《中国文学不能健全发展之原因》,《茅盾文艺杂论集》上集,上海:上海文艺出版社,1981年,第243页。
③ 茅盾:《新文学研究者的责任与努力》,《茅盾文艺杂论集》上集,上海:上海文艺出版社,1981年,第27—28页。
④ 刘锋杰:《中国现代六大批评家》,北京:北京大学出版社,2005年,第118页。

的论断正是其现代文学意识的体现。

　　茅盾不仅十分重视文学与人生的紧密联系,更强调文学对于人生的指导作用。这是一种更为积极地介入人生介入社会的态度。早在1921年发表的《创作的前途》一文中,茅盾就认识到文学应该"隐隐指出未来的希望,把新理想新信仰灌到人心中"①,"把光明的路指导给烦闷者"②。随着"革命文学"的兴起与开展,茅盾对于文学指导人生、改善社会的认识更加清晰。在《文学者的新使命》一文中,茅盾表示同意这样一种观点:"文学决不可仅仅是一面镜子,应该是一个指南针。"因此,他说:"并且我们还可以断言,文学于真实地表现人生而外,又附带一个指示人生到未来的光明大道的职务,原非不可能;或者换过来说,文学的职务乃在以指示人生向更美善的将来,这个目的寓于现实人生的如实地表现中,亦无不可。"③后面更明确地指出:"能于如实地表现现实人生而外,更指示人生向美善的将来;这便是文学者的新使命。"④在《我们所必须创造的文艺作品》一文中,茅盾指出:"文艺家的任务不仅在分析现实,描写现实,而尤重在于分析现实描写现实中指示未来的途径。所以文艺作品不仅是一面镜子——反映生活,而必须是一把斧头——创造生活。"⑤

　　茅盾把"人的文学"具体化为"为人生的文学",一方面强化了这一观点,通过更为落实的倡导使得更多的作家获得技术层面的操作指南,使"人的文学"得到全面展开,成为创作的普遍现象;另一方面,又窄

---

① 茅盾:《创作的前途》,《茅盾文艺杂论集》上集,上海:上海文艺出版社,1981年,第52页。
② 茅盾:《创作的前途》,《茅盾文艺杂论集》上集,上海:上海文艺出版社,1981年,第54页。
③ 茅盾:《文学者的新使命》,《茅盾文艺杂论集》上集,上海:上海文艺出版社,1981年,第217页。
④ 茅盾:《文学者的新使命》,《茅盾文艺杂论集》上集,上海:上海文艺出版社,1981年,第219页。
⑤ 茅盾:《我们所必须创造的文艺作品》,《茅盾文艺杂论集》上集,上海:上海文艺出版社,1981年,第330页。

化了"人的文学"命题的宽广含义,使其更为现实具体而功利性显露;同时,这一"人生"又变成特定阶层(如果不说阶级的话)的人的"人生",使得以"爱"为基础的普世主义的人道主义的"人的文学"变成专为被压迫的劳苦大众鼓与呼的文学。顺着这一路线发展,左翼文学或者革命文学的出现就再自然不过了。事实上,茅盾本人很早就是"革命文学"的倡导者和支持者。早在后期创造社和太阳社发起"革命文学"运动之前,茅盾就已经发表了不少相关的言论。

新文学发展到这里,"人的文学"恐怕仅成为一个大而化之的口号甚至只是作家们头脑里一个朦胧的意念,而"为人生"才是他们清晰的思想以及必须遵照的律令。"为人生而艺术"成为一种强势的文学意识:前期创造社及其他主张"为艺术而艺术"的作家们有时也不得不澄清自己的作品也是有益于人生的;甚至在"儿童文学"上也被强调,郑振铎在给叶圣陶童话作品集《稻草人》作序时,从批判旧道德旧教育的立场出发,主张在思想情感方面应该而且可以"使儿童知道人间社会的现状",犹如他们需要"地理和博物"知识,甚至还可以把"成人的悲哀显示给儿童"。这类主张几乎被"血和泪"的文学所笼罩,有时代思想的光芒,但多少戕伤了儿童文学对于童趣与谐趣的追求,对日后儿童文学成人化创作倾向的蔓延,不无影响。①

这些作家不是不懂艺术,不尊重艺术规律,而是在当时历史情境下自觉选择"为人生"这一更为功利化的立场。

按照现在的一般学术观点,从"文学革命"到"革命文学"再到"社会主义文学",现代文学走过了"从思想始以政治终"的历史进程。这种观点强调思想与政治的区别,也就将现代文学割裂成两种异质的类型派别,或者肯定这种否定那种,或者肯定那种否定这种,体现了二元对立的典型现代性思维。但反思起来,实际上现代文学"从思想始"的那个"思想"也未必不可以作"政治"看。新文学最初是以旧文学的思

---

① 许道明:《中国现代文学批评史新编》,上海:复旦大学出版社,2002年,第52页。

想批判者、新思想的倡扬者形象出现的，无论是对古典文学、通俗文学的批判，还是对于自身价值的判断，新文学首先占据的都是思想的高地。这种思想批判以及新思想的倡扬，实际上就是一种"政治性"。新文学最初是作为思想启蒙出现的，它响应的是现代的政治革命，这时候的"思想"实际就是当时的政治，因此它本身也不能不成为政治的一部分。毛泽东称之为"旧民主主义文化"，就是对其政治性的一个清晰界定。所以，对新文学避谈"政治"，无异于"鸵鸟心态"。

文学承担思想启蒙任务，其实就是承担"启蒙政治"任务，为了与那种阶级党派政治相区分，不妨把前者称为"小政治"，后者称为"大政治"。事实上，现代文学中大多数审美与政治之争，其实并不是绝对意义的审美与政治的冲突，而是"大政治"与"小政治"的分歧。

从这个意义上来说，"革命文学"主要作为"小政治"的表达，无论是从启蒙到革命的思路逻辑还是从启蒙到革命的内容逻辑，的确并未脱离"政治"这个轨道，更何况"小政治"未尝没有"大政治"的血脉。文学成为"小政治"的原因在于其目标更为具体单一，导致为其代言的文学也显得视野狭隘与特别的功利。

但换一个角度看，把文学作为政治的书写实践，这样一种崭新的书写实践，不也是中国文学现代性的一个表征吗？

实际上，伟大的作家从来都不拒斥政治。比如鲁迅，从"人的政治"到"政治的人"的转变，也就是从思想启蒙到现实政治的转变。只是伟大的作家在处理政治与文学的关系时会特别注重二者的完美平衡，在政治的框架内尽最大力量保持文学的自我与美学品格。左翼作家们实际上也是在探索文学的一种可能，即从政治行动与实践的领域出发，将"文学"推到它自身的极限。

第二节　写实主义：选择的策略

如果要说 20 世纪中国哪种"文学的主义"影响最为深远，那无疑是现实主义。在现代文学时期，现实主义一度被称为"写实主义""自然主义"等，如严格地进行辨析，写实主义、自然主义、现实主义是有一定区别的，但在本节中，这几个概念将作为同义词对待。

按照戴燕在《文学史的权力》一书中的说法，写实主义（Realism）的概念，起初是由 19 世纪欧洲的以描绘"人类真象"为宗旨的一些画家提出来的。1856 年，法国小说家杜朗蒂（Duranty，又译作杜兰提）创办了一本名为《写实主义》的刊物，开始将写实主义移植于文学。写实主义的文学纲领包含着这样几个简单的概念：艺术应当是现实世界的真实再现，作家应当通过细致的观察和小心的分析，研究当代的生活与风习，作者在这一刻应当是冷静、客观和不偏不倚的。文学上的写实主义者以小说家尤其是长篇小说家居多，较少涉足诗歌戏剧，他们声明自己的作品是在以前所未有的客观、科学的态度审视着人生百态。在 20 世纪 30 年代以前，Realism 基本上被译作"写实主义"，其时经常看到的"自然主义"，不管是否是指左拉的自然主义，也可以看成现实主义；20 年代末，瞿秋白将其改译作"现实主义"，强调一个新的意义：除了真实地描写、表现社会现实，还要显示出历史的发展方向。

写实主义在 20 世纪初被引入中国后，梁启超、黄人都对其有所介绍，但得到广泛的尊奉是在"文学革命"之后。《新青年》创刊后不久，针对国内文坛状况，陈独秀发表了《现代欧洲文艺史谭》等文，介绍西方近代文艺思潮从古典主义、理想主义（浪漫主义）到写实主义（现实主义）、自然主义的演进过程，并在与张永言的通信中明确表示了文学改革的愿望："吾国文艺，犹在古典主义、理想主义时代，今后当趋向写实主义。文章以纪事为重，绘画以写生为重，庶足挽今日浮华颓败之恶风。"① 所以，他在后来的《文学革命论》一文中提出"建设新鲜的立诚的写实文学"② 的口号。因为"建设新鲜的立诚的写实文学"是文学革命的三大目标之一，所以写实主义很容易借助"革命"的名义，取得理论上的优势。正如当时的吴宓抱怨的那样："吾国之新文学家，其持论常以写实小说为小说中之上乘、之极轨，而不分别优劣，并言利弊，惟尊写实小说而压倒一切，其余悉予摈斥。"③ 茅盾也说"五四"新青年派"心目中的新文学是写实主义的文学"④，"'五四'以来新文艺的传统，是写实主义"⑤。

陈独秀在《现代欧洲文艺史谭》等文中对于文学思潮的"进化论"式的理解得到新文学作家们的认同，如茅盾在1920年1月《小说月报》上发表的《小说新潮栏宣言》一文里也说中国还停留在写实以前，现在要介绍和创作新派小说，也应该按次做去，先从写实派自然派介绍起。⑥ 在这些表述中，我们可以看出"进化论"对于作家们的深刻影响。

写实主义的流行，与五四时期"科学"的精神契合也是很重要的一个原因。科学主义是"五四"的主导思潮之一，对科学的崇拜已经形成了科学主义的话语霸权。正如胡适所言："这三十年来，有一个名词在国内几乎做到了无上尊严的地位；无论懂与不懂的人，无论守旧和维新的

---

① 陈独秀：《答张永言》，《陈独秀书信集》，北京：新华出版社，1987年，第16页。
② 陈独秀：《文学革命论》，《中国新文学大系·建设理论集》，上海：上海文艺出版社，2003年，第44页。
③ 吴宓：《论写实小说之流弊》，严家炎编《二十世纪中国小说理论资料》第二卷，第286页。
④ 茅盾：《"五四"运动的检讨——马克思主义文艺理论研究会报告》，《茅盾全集》第19卷，北京：人民文学出版社，1987年，第239页。
⑤ 茅盾：《浪漫的与写实的》，《茅盾文艺杂论集》下集，上海：上海文艺出版社，1981年，第92页。
⑥ 茅盾：《小说新潮栏宣言》，《茅盾文艺杂论集》上集，上海：上海文艺出版社，1981年，第6页。

人，都不敢公然对它表示轻视或戏侮的态度。那个名词就是科学。"① 茅盾认为："近代西洋文学是写实的，因为近代的时代精神是科学的。科学的精神重在求真，故文艺亦以求真为唯一目的。科学家的态度重客观的观察，故文学也重客观的描写。"② 科学主义的霸权在1923年的"科玄论战"中达到了顶峰，并极大地影响了五四文学。"写实主义（现实主义）"因为与"科学主义"的高度合拍而成为时代的主潮。

中国现代作家选择写实主义、尊奉写实主义，最重要的还是策略性的原因。出于补救新文学弊病，促进新文学进步的实用主义要求，作家们对国外的文学理论思潮是有选择性地吸收。五四新文学选择"写实主义"的文学理念，并非一种出于文学自身的艺术行为，而是一种出于社会需求的实用行为。对于新文学作家中的一些人来说，"写实主义"无疑是最切合中国新文学要求的。因此，暂时抛弃其他文艺思潮，独尊写实，成为一种策略性的选择。茅盾就是这一文学意识最典型的代表之一。

茅盾很早就注意到，写美主义、表象主义、新浪漫主义是西洋小说的潮流。如果从进化论角度来看，表象主义和新浪漫主义是更新更高的阶段，而写美主义已见衰竭之象。茅盾更青睐的其实是表象主义和新浪漫主义。茅盾清楚意识到写实主义的弊病："写实主义的缺点，使人心灰，使人失望，而且太刺激人的感情，精神上太无调剂，我们提倡表象，便是想得到调剂的缘故。"在同一篇文章中，他还说："我们提倡写实主义一年多了，社会的恶根发露尽了，有什么反应呢？可知现在的社会人心的迷溺，不是一味药所可医好，我们该并时走几条路，所以表象主义该提倡了。"③

这时得到周作人建议：

---

① 胡适：《科学与人生观·序》，《胡适文集（三）》，北京：北京大学出版社，1998年，第152页。

② 茅盾：《文学与人生》，《茅盾文艺杂论集》上集，上海：上海文艺出版社，1981年，第113页。

③ 茅盾：《我们现在可以提倡表象主义的文学么？》，《茅盾全集》第18卷，北京：人民文学出版社，1989年，第27页。

第三章 从"问题"到"主义"：现代作家批评的文学价值观(下)

> 周启明先生去年秋给我一信，……但周先生亦赞成以自然主义的技术医中国现代创作界的毛病……我目前的见解，以为我们要自然主义来，并不一定就是处处照他……我们要采取的，是自然技术上的长处。①

胡适也对茅盾提出劝告：

> 我又劝雁冰不可滥唱什么"新浪漫主义"。现代西洋的新浪漫主义文学所以能立住脚，全靠经过一番写实主义的洗礼。有写实主义作手段，故不致堕落到空虚的坏处。②

于是茅盾在《一年来的感想与明年的计划》一文中观点开始变化：

> 只要是"人的文学"就好了，斤斤于什么主义，什么派别，未免无谓；这也是一年来常听得的话，而我的见解，亦正如此。然而却有一层不可不辩。奉什么主义为天经地义，以什么主义为唯一的"文宗"，这诚然有些无谓；但如果看见了现今国内文学界一般的缺点，适可以某种主义来补救校正，而暂时的多用些心力去研究那一种主义，则亦未可厚非。从来国人对于文学的观念，描写创作的方法，不用讳言，与现代的世界文学，相差甚远。以文学为游戏为消遣，这是国人历来对于文学的观念；但凭想当然，不求实地观察，这是国人历来相传的描写方法：这两者实是中国文学不能进步的主要原因。而要校正这两个毛病，自然主义文学的输进似乎是对症药。……不论自然主义的文学有多少缺点，但就校正国人的两大病而言，实是利多害少。再说一句现成话，现代文艺都不免受过自然主义的洗礼，那么就文学进化的通则而言，中国新文学的将来亦是免不得要经过

---

① 茅盾：《自然主义的怀疑与解答——复周志伊》，《茅盾全集》第18卷，北京：人民文学出版社，1989年，第206页。

② 曹伯言编：《胡适日记全编》（三），合肥：安徽教育出版社，2001年，第394页。

这一步的。①

他在《自然主义与中国现代小说》一文中分析当时的各种文艺观念时，再次明确宣称：

> 甲组，大抵说中国新文艺正当萌芽时代，极该放宽道路，任凭天才自由创造，若用什么主义束缚，那是自走绝路。这种论调我觉得是浅见的。艺术当然要尊重自由创造的精神，一种有历史的有权威的主义当然不能束缚新艺术的创造，人类过去的艺术发展史早把这消息告诉我们了；但是过去的艺术发展史同时又告诉我们：民族的文艺的新生，常常是靠了一种外来的文艺思潮的提倡，由纷乱如丝的局面暂时地趋向于一条路，然后再各自发展。当纷乱如丝的局面，连什么是文艺都不能人尽知之，连像些文艺品的东西尚很少，大部分作者在盲目乱动，于此而提倡自由创造，实即是自由盲动罢咧！……当这种时代，我以为惟有先找个药方赶快医治作者读者共有的毛病，领他们共上了一条正路；否则，空呼"自由创造"，结果所得，不是东西。②

茅盾的意思是说，选择的主义是要能够解决中国的现实问题的，体现了一种实用理性的思想。茅盾在这里所说的"药方"就是现实主义（茅盾当时称之为"自然主义"）。

> 我们的实际问题是怎样补救我们的弱点，自然主义能应这要求，就可以提倡自然主义。参茸虽是大补之品，却不是和每个病人都相宜的。新浪漫主义在理论上或许是现在最圆满的，但是给未经自然主义洗礼，也叨不到浪漫主义余光的中国现代文坛，简直是等于向瞽者夸彩色之美，彩色虽然甚美，瞽者却

---

① 茅盾：《一年来的感想与明年的计划》，《茅盾全集》第18卷，北京：人民文学出版社，1989年，第159页。

② 茅盾：《自然主义与中国现代小说》，《茅盾文艺杂论集》上集，上海：上海文艺出版社，1981年，第97页。

第三章 从"问题"到"主义":现代作家批评的文学价值观(下)

一毫受用不得。①

到了1925年,他又撰文说:

> 但是文学者决不能离开了现实的人生,专去讴歌去描写将来的理想世界。我们心中不可不有一个将来社会的理想,而我们的题材却离不了现实的人生。我们不能抛开现代人的痛苦与需要,不为呼号,而只夸缥缈的空中楼阁,成了空想的浪漫主义者。并且如果我们不能明了现代人类的痛苦与需要是什么,则必不能指示人生到正确的将来的路径。而心中所怀的将来的社会的理想只是一帖不对症的药罢了。②

总之,茅盾的反复陈说,只有一个中心意思,就是认为只有"写实主义"比较符合中国新文学的实际情况,故他极力推崇新文学的"写实主义"。茅盾的这种观点的转变体现了新文学作家普遍的"为我所用"的思维意识,体现了新文学寻找自身的定位并以此获得社会效应争取社会认可的策略意识。对于"现实主义"独尊的现象,也有一些作家表示了异议。郁达夫比较理性地指出:"不过我们要注意的是,就是不可以主义来评文学的高低。一种倾向的发生,自有它发生的理由,我们不必违反本心,去趋就主义,也不必故作奇言以自表矫强。"③ 但是,这样的中正的持论被淹没在新文学依靠写实主义迅速占据社会时代中心的狂欢中。

"写实主义"同时提供了批判旧文学、重估旧文学的理论资源和有效方法。"写实主义给新小说带来了新的概念,或者说新的理论资源:新小说之新,要它是写实的,写实与否,成为新、旧小说间的一条明确的界限。"④

新文学作家在批判晚清白话小说特别是黑幕小说和鸳鸯蝴蝶派等他

---

① 茅盾:《自然主义与中国现代小说》,《茅盾文艺杂论集》上集,上海:上海文艺出版社,1981年,第96页。
② 茅盾:《文学者的新使命》,《茅盾文艺杂论集》上集,上海:上海文艺出版社,1981年,第218页。
③ 郁达夫:《文学概说》,《郁达夫文论集》,杭州:浙江文艺出版社,1985年,第145页。
④ 戴燕:《文学史的权力》,北京:北京大学出版社,2002年,第133页。

们心目中的"旧文学"时就多以"写实"为依据。比如，茅盾就宣称"我们中国现在的文学只好说尚徘徊于'古典''浪漫'的中间，《儒林外史》和《官场现形记》之类虽然也曾描写到社会的腐败，却决不能就算是中国的写实小说（黑幕小说更无论了）。"① 茅盾在长篇论文《自然主义与中国现代小说》中，除了从思想上抨击鸳鸯蝴蝶派"没有确定的人生观""简直是中了'拜金主义'的毒，是真艺术的仇敌""思想上的一个最大的错误，就是游戏的消遣的金钱主义的文学观念"② 之外，也从写实主义的角度贬斥鸳鸯蝴蝶派的创作是"记账式的报告"，不懂描写，更不懂客观观察："又没有观察人生的一副深炯眼光和冷静头脑。"③ 这样，他就从思想和技术两个方面全然否定了鸳鸯蝴蝶派小说的存在价值，认为只有自然主义才能弥补上述缺陷，才是中国文学正确的发展方向。

"写实主义刺激了新小说的写作，在这里更需要指出的是，与此同时，它也启发了与新小说写法相配合的一种阅读方式。"④ 实际上，写实主义也不仅在小说中得到运用，而且已经覆盖了诗歌、戏剧、散文等各类文体，上升为对整个文学的批评角度与标准了。胡适就用写实主义的眼光苛责中国的"散文只有短篇，没有布置周密、论理精严、首尾不懈的长篇；韵文只有抒情诗，绝少纪事诗，长篇诗更不曾有过；剧本更在幼稚时代，但略能纪事掉文，全不懂结构；小说好的，只不过三四部，这三四部之中，还有许多疵病；至于最精彩的'短篇小说'，'独幕戏'，更没有了"⑤。而他肯定的《石壕吏》《上山采蘼芜》等诗歌，恰恰就是能用写实的小说方法阅读的作品。《石壕吏》这首诗只写一个过路的客人

---

① 茅盾：《小说新潮栏宣言》，《茅盾文艺杂论集》上集，上海：上海文艺出版社，1981年，第8页。
② 茅盾：《自然主义与中国现代小说》，《茅盾文艺杂论集》上海：上海文艺出版社，1981年，第89页。
③ 茅盾：《自然主义与中国现代小说》，《茅盾文艺杂论集》上海：上海文艺出版社，1981年，第89页。
④ 戴燕：《文学史的权力》，北京：北京大学出版社，2002年，第134页。
⑤ 胡适：《建设的文学革命论》，姜义华主编《胡适学术文集·新文学运动》，北京：中华书局，1993年，第52页。

一天晚上在一户人家内偷听得的事情；只用一百二十个字，不但把那一家祖孙三代的历史都写出来，并且把那时代兵祸之惨，壮丁死亡之多，差役之横行，小民之苦痛，都写得逼真活现，使人读了生无限的感慨。《上山采蘼芜》写一家夫妇的惨剧，只挑出那前妻从山上下来遇着故夫的时候下笔，却也能把那一家的家庭情形写得充分满意。① 所谓"逼真活现""充分满意"以及胡适对两首诗布局功夫的肯定显然都属于写实小说的叙事要求，现在却用到了诗歌的批评标准上。

当写实主义的标准被放诸各文体而皆准的时候，就是写实主义真正被独尊的时候。一种"主义"几乎成为唯一的"主义"，这是现代文学"现代性"的一次高度整合与定型，对今后的文学发展和作家命运，都有着深远的影响。

第三节　力的文艺：现代文学的政治美学建构

革命文学的提出，开辟了中国现代文学的一条政治化路径。革命文学的倡导者们要求文艺必须正面反映中国社会状况的重大变革，反映无产阶级革命的情况，强调现实的政治功利性。革命文学不讳言其政治目的，对于那些把文学仅当作自我表现的观点，对于那些躲进"象牙塔"追求艺术的纯正趣味的观点，对于那些轻盈柔美风格的文学作品，甚至对于那些以揭露和批判旧生活为主的现实主义文学，都是持否定态度。

那么，革命文学的自身风格是什么？革命文学所肯定的美学原则是什么？虽然革命文学主张"文学是宣传"，具有非文学的倾向，这一点也经常遭到反对者的指责讽刺，但实际上并非所有的革命文学家都完全不顾文学，一部分革命文学的倡导者们也试图建立一种新的美学原则和艺

---

① 胡适：《建设的文学革命论》，姜义华主编《胡适学术文集·新文学运动》，北京：中华书局，1993年，第51页。

术风格,最典型的是钱杏邨提倡的"力的文艺"的观点。

1929年,钱杏邨将他的一些外国作品评论结集为《力的文艺》,在这些评论中处处可见他对于"力"的张扬。他明确声称:"我是一个力的崇拜者,力的讴歌者。"① 他评价高尔基的伟大之处在于:"从高尔基的表现里,却可以看到他们有一种通常文学里永远找不到的东西,所谓能力与希望——这就是人间最伟大的活力!"② "他最值得我们称赞的地方,就是他表现其他作家所不肯表现的被压迫者,尤其是被压迫者的活力。"③ 高尔基的作品"不仅只显示平民的人性,求高等阶级的怜惜,更且进而指出平民的威力,足以颠覆高等阶级的恶浊社会"④,这些平民(无产阶级)"有资产阶级所不可及的优点,他们有强烈的反抗心思,他们有伟大的意志!"⑤ 钱杏邨认为,最能够代表普希金伟大之处的是叙述杜布罗夫斯基故事的《情盗》。这部作品表现了当时俄罗斯的两种对抗的力:大地主的穷凶极恶,农奴们不屈服的抗斗;肯定了农奴们的抗斗是天地间最伟大的力。⑥ 钱杏邨高度称赞席勒的《强盗》和中古传说《尼伯龙根之歌》:"我是一个力的崇拜者,力的讴歌者,这两书的特长是它们表现了最伟大的,最震动的,最咆哮的,最不肯妥协的,一种神圣不可侵犯的伟大的德意志民族的力!"⑦ "在《强盗》里所表现的力是和火一般的热,是和铁一般的坚强,是一种充塞了宇宙,是天地都为之震动,

---

① 钱杏邨:《〈强盗〉与〈尼伯龙根之歌〉》,《阿英全集》第1卷,合肥:安徽教育出版社,2003年,第109页。
② 钱杏邨:《曾经为人的动物》,《阿英全集》第1卷,合肥:安徽教育出版社,2003年,第59—60页。
③ 钱杏邨:《曾经为人的动物》,《阿英全集》第1卷,合肥:安徽教育出版社,2003年,第73页。
④ 钱杏邨:《曾经为人的动物》,《阿英全集》第1卷,合肥:安徽教育出版社,2003年,第57页。
⑤ 钱杏邨:《曾经为人的动物》,《阿英全集》第1卷,合肥:安徽教育出版社,2003年,第60页。
⑥ 钱杏邨:《情盗》,《阿英全集》第1卷,合肥:安徽教育出版社,2003年,第74页。
⑦ 钱杏邨:《〈强盗〉及〈尼伯龙根之歌〉》,《阿英全集》第1卷,合肥:安徽教育出版社,2003年,第109页。

全人类都为之颤抖的力！"① "两书里所表现的力都是狂风暴雨时代的力，都是伟大的英雄的力的象征。"②

钱杏邨对这些外国作家作品所作的评价，他所归结的"力的文艺"这一名词，也是他对革命文学、对中国现代文学的一种要求和期许。他称赞郭沫若的作品为"代表上进一派的"的创作，认为其作品中"确实表现了一毫无间断的伟大的反抗的力"，给予青年最深的印象是"一以贯之的反抗精神的表演"③。他称赞蒋光慈的《短裤党》："代表了青年的革命家表现他们最伟大的力的时期，是青年革命家的血沸腾到最高点的时刻，是他们勇敢向前，走上牺牲的血路的时期。"④ 他高度评价蒋光慈的《新梦》："在全部里所表现的精神，只是向上的，革命的歌调；只是热烈的，震动的喊叫；只是向帝国主义及一切反动势力抗斗的特征；没有悲愁的创作，没有失意的哀喊，只是希望中国也有这样光明的一日，精神是异常的震动而咆哮；全书的思想当然是劳动阶级的，劳动阶级的革命思想！"⑤ 他评价冯宪章的诗集《梦后》："你有很健全的比谁都热烈的情绪，里面流动的热情，犹如一把火，丝毫不带病态。……奔进的，热烈的情绪如一束不可抵抗的炬火，在全集的各处跳动着。这就是你的诗歌里面所有的潜在的力。这种力是极可宝贵的……"⑥

在钱杏邨看来，"力的文艺"是"力的时代"的要求，也是"力的时代"的文艺表现。钱杏邨所谓"时代"，并不是泛泛的抽象所指，而是明

---

① 钱杏邨：《〈强盗〉及〈尼伯龙根之歌〉》，《阿英全集》第1卷，合肥：安徽教育出版社，2003年，第109页。
② 钱杏邨：《〈强盗〉及〈尼伯龙根之歌〉》，《阿英全集》第1卷，合肥：安徽教育出版社，2003年，第110页。
③ 钱杏邨：《郭沫若及其创作》，《阿英全集》第2卷，合肥：安徽教育出版社，2003年，第35页。
④ 钱杏邨：《蒋光慈与革命文学》，《阿英全集》第2卷，合肥：安徽教育出版社，2003年，第88页。
⑤ 钱杏邨：《蒋光慈与革命文学》，《阿英全集》第2卷，合肥：安徽教育出版社，2003年，第89页。
⑥ 钱杏邨：《中国新兴文艺考察的断片》，《阿英全集》第1卷，合肥：安徽教育出版社，2003年，第225页。

确地界定为无产阶级革命时代。这样的时代,对作家、对文学提出了全新的要求:"现在的时代不是阴险刻毒的文艺表现者所能抓住的时代,现在的时代不是纤巧俏皮的作家的笔所能表现出的时代,现在的时代不是没有政治思想的作家所能表现出的时代!旧的皮囊不能盛新的酒浆,老了的妇人永不能恢复她青春的美丽……"①

钱杏邨认为,要写出有力的革命文学,作家必须有革命的情绪和精神,他非常重视作家的主体意识:"这个狂风暴雨的时代,只有具有狂风暴雨的革命精神的作家才能表现出来,只有忠实诚恳情绪在全身燃烧,对于政治有亲切的认识,自己站在革命的前线的作家才能表现出来!"②他认为,没有革命情绪的作家是写不出忠实于革命的文学来的,不深入革命力量的作家是没有力量表现革命的。"革命文学的作家一定要有革命的情绪!"③

从题材内容角度,文学反映时代,就是要反映无产阶级革命时期的斗争、反抗、复仇、罢工等,就是要从这样的阶级搏斗中描写"大勇者""真正的革命者"④。这就是"力"的内容,作品的力度也植根于此。这样的崇尚反抗的、战斗的"力的文艺",才能不仅"表现时代",而且"超越时代""创造时代""领导时代",永远站在时代的前面。

在美学风格(技巧形式)方面,钱杏邨倡导一种粗暴、狂躁,乃至于粗糙的"极热烈极奔进"的美学作风。他说:"现在的文艺,已经走到力的文艺的一条路了,我们的技巧应该是力的技巧,处处要表现出力

---

① 钱杏邨:《死去了的阿Q时代》,《阿英全集》第2卷,合肥:安徽教育出版社,2003年,第16—17页。
② 钱杏邨:《死去了的阿Q时代》,《阿英全集》第2卷,合肥:安徽教育出版社,2003年,第17页。
③ 钱杏邨:《革命文学与革命情绪》,《阿英全集》第1卷,合肥:安徽教育出版社,2003年,第6页。
④ 钱杏邨:《茅盾与现实》,《阿英全集》第2卷,合肥:安徽教育出版社,2003年,第195、197页。

来。"① 他称赞蒋光慈的作品,并非如某些批评家所认为的"粗俗、浅薄、鲁莽,句子不通;诗歌是标语口号,太重理论",实际是"极热烈极奔进"的美学风格。② 他认为,由于无产阶级革命文学刚刚兴起,还有待在时代的锤炼中慢慢成熟,因此诗歌的标语化和口语化是必然的事实,必得经过的一个阶段,希望此后的诗歌能渐渐地离开标语与口号的一般形式。③ 他批评郁达夫的颓废文风,对郁达夫提出希望:"在今后的创制中,在技巧方面表现出伟大的力量!要震动!要咆哮!要颤抖!要热烈!要伟大地冲决一切,破坏一切,表现出狂风暴雨时代的精神的力量!"④

钱杏邨把这种新的表现技巧与形式看成无产阶级革命时代的必然要求,他说:"旧的写实主义的立场于我们是不适宜的了。表现这个时代,新写实主义的立场,我们觉得是正确的。"⑤ 这里的"新写实主义"是指"无产阶级现实主义"。钱杏邨认为,否认创作与时代的关系,不承担创作的社会使命,所谓技巧就是空壳子的技巧。⑥ 他认为文学的技巧与阶级是有关系的:"一般创作家与批评家有一种极大的错误,就是没有看清阶级与技巧的关系,也可以说是技巧与题材的关系。用极优美的句子来写极粗暴的生活这是可能的么?用极香艳的辞藻来写大革命的狂飙这是可能的事么?用花哟爱哟来写劳工生活这是可能的事么?"⑦

综上所述,钱杏邨的"力的文艺"是作家主体精神、作品题材内容

---

① 钱杏邨:《〈达夫代表作〉后序》,《阿英全集》第2卷,合肥:安徽教育出版社,2003年,第78页。
② 钱杏邨:《蒋光慈与革命文学》,《阿英全集》第2卷,合肥:安徽教育出版社,2003年,第93页。
③ 钱杏邨:《中国新兴文艺考察的断片》,《阿英全集》第1卷,合肥:安徽教育出版社,2003年,第226页。
④ 钱杏邨:《〈达夫代表作〉后序》,《阿英全集》第2卷,合肥:安徽教育出版社,2003年,第78页。
⑤ 钱杏邨:《茅盾与现实》,《阿英全集》第2卷,合肥:安徽教育出版社,2003年,第183页。
⑥ 钱杏邨:《蒋光慈与革命文学》,《阿英全集》第2卷,合肥:安徽教育出版社,2003年,第83页。
⑦ 钱杏邨:《蒋光慈与革命文学》,《阿英全集》第2卷,合肥:安徽教育出版社,2003年,第94页。

和技巧形式的统一,是作品风格与作品效用的统一,他要求作家要有力的情绪精神,作品要体现力的题材内容,要运用力的表现技巧,要给读者以力的震动。而支撑"力的文艺"主张的内在依据则是政治化的"时代"意识。

追溯起来,钱杏邨并非崇尚"力的文学"第一人。早在五四文学革命时期,郭沫若极力礼赞高山、巨川、太阳、宇宙等充满伟力的事物,极力讴歌人类近代工业建设的庞然大物,极力颂扬那些具有极大冲击力破坏力的"天狗""匪徒"等,就体现出了与中国古典的阴柔和谐审美风格迥异的具有鲜明时代特征的新的美学追求,使现代文学在品格上与古典文学有了更多的不同。钱杏邨曾指出,郭沫若的《女神》诗集中蕴藏着一种伟大的力,郭沫若的诗就是力的表现,20世纪的力的表现,震动的表现,奔驰的表现,纷乱的表现,速率的表现,立方的表现,等等,都能代表。① 他高度肯定:"《女神》里不但表现了勇猛的、反抗的、狂暴的精神,同时还有和这种精神对称的狂暴的技巧。大部分的诗都好似狂风暴雨一样的动人,技巧和精神是一样的震动的、咆哮的、海洋的、电闪雷霆的,像这样精神的集子,到现在还找不到第二部。"② 后来郭沫若转向革命文学,这个"力的追求者"成为阶级革命的鼓吹者,他的"力"也成为文学的政治之"力"。

鲁迅也一直倡导着具有"力之美"的文学。人类的艺术,无论古今中外,都有一些博大的、雄壮的作品,谓之"崇高美"。中国文学中也不乏崇高美的佳作,但是中国传统文艺思想总体偏向于"阴柔""优美"。而五四以来的现代中国是一个"大时代","大时代"需要"大文学",需要有力度有热情的硬朗的文字,所以在"优美"之外,一些作家极力追求"壮美"的品格。鲁迅呼吁和鼓吹"有力之美"的艺术,正是这样的

---

① 钱杏邨:《郭沫若及其创作》,《阿英全集》第2卷,合肥:安徽教育出版社,2003年,第41页。
② 钱杏邨:《郭沫若及其创作》,《阿英全集》第2卷,合肥:安徽教育出版社,2003年,第41页。

意图。

鲁迅在评论当时的小品文时，反对把文学变成"清玩"式的小摆设，"何况在风沙扑面，狼虎成群的时候，谁还有这许多闲工夫，来赏玩琥珀扇坠，翡翠戒指呢。他们即使要悦目，所要的也是耸立于风沙中的大建筑，要坚固而伟大，不必怎样精；即使要满意，所要的也是匕首和投枪，要锋利而切实，用不着什么雅"。鲁迅主张文学应该是"挣扎和战斗"的。他认为，五四新文学的散文小品之所以成功，就是因为它是"挣扎和战斗"的，而且以后也本该"更分明地挣扎和战斗"，但是现在有人想让它变成小摆设。因此，要走出危机，"生存的小品文，必须是匕首，是投枪，能和读者一同杀出一条生存的血路的东西；但自然，它也能给人愉快和休息，然而这并不是'小摆设'，更不是抚慰和麻痹，它给人的愉快和休息是休养，是劳作和战斗之前的准备"①。

鲁迅极为推崇具有"力之美"的文艺。他在评价萧红《生死场》时精辟指出其特别的力度："然而北方人民对于生的坚强，对于死的挣扎，却往往已经力透纸背。"② 并向读者郑重推荐，"不如快看下面的《生死场》，她才会给你们以坚强和挣扎的力气"③。同样的观念也体现在为白莽的《孩儿塔》所作的序言中："这是东方的微光，是林中的响箭，是冬末的萌芽，是进军的第一步，是对于前驱者的爱的大纛，也是对于摧残者的憎的丰碑。一切所谓圆熟简练，静穆幽远之作，都无须来作比方，因为这诗属于别一世界。"虽然客观而论，白莽的诗作艺术性并不强，在文学史上的艺术地位并不高，但鲁迅用排比的手法通过一系列的比喻进

---

① 鲁迅：《小品文的危机》，《鲁迅全集》第4卷，北京：人民文学出版社，2005年，第591—593页。
② 鲁迅：《萧红作〈生死场〉序》，《鲁迅全集》第6卷，北京：人民文学出版社，2005年，第422页。
③ 鲁迅：《萧红作〈生死场〉序》，《鲁迅全集》第6卷，北京：人民文学出版社，2005年，第423页。

行高度肯定，就是因为白莽的诗作"是有别一种意义在"①。这"意义"就含有鲁迅倡导的"力之美"。

鲁迅倡导"力之美"，表面看起来没有直接的政治内容，但同样是有政治底蕴的，比激进而浮躁的革命作家们更高明的是，鲁迅是以丰富博大的美学品格通往了政治的大境界。

为时代所感召，郁达夫也表达了类似的意见，他说："若文学是时代的反映这一句话是真的时候，那么我们在这一个时代里所要求的，是烈风雷雨般的粗暴伟大，力量很足，感人很深的文学，就是我在前面所说的跃动的、有新生命的文学。"②

钱杏邨的"力的文艺"主张与这些主张有某种意义上的呼应，但是钱杏邨旗帜鲜明地注入了政治的内涵，他是在政治实践和美学创造双重概念上使用"力"这个词的。革命文学的崇高之美，不仅是形式的，更是民众的创造力、生命力的外化，是无产阶级在政治实践中展现的本质力量的外化。他的"力的文艺"是要体现"第四阶级"的"强烈的反抗心思"和"伟大意志"，也就是要体现无产阶级的阶级力量。这是现代文学在新的历史阶段的一个新的发展方向，是现代文学之现代性方案的一个新的实验。时代催生了革命文学，革命文学是一种新的描写，体现的是新的趣味，展示的是新的力量，钱杏邨的"力的文学"就是试图为革命文学设计新的美学原则，规定新的美学风格，以区别于五四文学。

但是，在新文学作家中也有相当一些人对这种"力的文学"持有异议。所谓右翼作家自然极力反对，暂且不论，就是同属左翼阵营的作家也有不同声音，茅盾就针对"力的文学"写了篇专门的文章，表达了自己的反对意见：

记得我们文坛上曾经出现过一个名词："力的文学"。

---

① 鲁迅：《白莽作〈孩儿塔〉序》，《鲁迅全集》第6卷，北京：人民文学出版社，2005年，第512页。

② 郁达夫：《〈鸭绿江上〉读后感》，《郁达夫文论集》，杭州：浙江文艺出版社，1985年，第296页。

第三章 从"问题"到"主义":现代作家批评的文学价值观(下)

详细解释并没有,然推其意,当系谓文艺作品者不但体裁应该为斗争的,而文字亦须有刺激性。所谓"尖锐",所谓"积极",所谓"富于革命情绪",光景就是所谓"力的文学"的形容词。

文艺作品本以感动人为使命。然而感人的力量并不在文字表面上的"剑拔弩张"。譬如酒,有上口极猛者,当时若甚有"力",可是后来亦不过如此。上口温醇者,则不然;喝时不觉得它的"力",过后发作起来,真正醉得死人!

真正有力的文艺作品应该是上口温醇的酒。题材只是平易的故事,然而蕴含着充实的内容;是从不知不觉中去感动了人,去教训了人。文字只是流利显明,没有"惊人之笔",也没有转弯抹角的结构,然而给了读者很深而且持久的印象。

这样的作品的产生是有条件的,即是丰富的生活经验和真挚深湛的感情。

但并不是说上口极猛的文艺作品就要不得。不过作家应该不以"上口猛"为满足。

中国现在不乏咄咄逼人的作品,然而温醇的愈咀嚼愈有力的作品,还是少见。这原因也许是中国新文学到底还没脱离"青年时代"。一个民族一个时代的文学有时也和个人相仿,"青年时代"虽然光彩惊人,却是要到"火候成熟"的程度,就必须走过长长的艰辛的创作经验的道路。[①]

茅盾的观点,更为接近传统的对文学的理解和要求,就对文学性的尊重而言茅盾显然更胜一筹;但是对于无产阶级文学(革命文学)的特殊美学要求的把握,显然钱杏邨更为切近一些。无产阶级文学是一种崭新的文学,它与之前的文学有着迥异的美学要求,用传统的文学观念去

---

① 茅盾:《力的表现》,《茅盾文艺杂论集》上集,上海:上海文艺出版社,1981年,第405—406页。

要求、去阐释，未必很合适。钱杏邨的"力的文艺"作为文学政治美学建构的一次有限的尝试，在现代文学史上的意义有待更理性地重估。

第四节　茅盾的批评意识

在现代，不少作家批评已不像古典时期的文人批评那样只是个人情趣的玩味或人格的投射，而是受到西方文学史的深刻影响，注重在历史和时代的背景下揭示作品的社会意义价值，注重对于文学渊源、过程、趋势、规律的揭示，在表达形式上采用西方的以"始、叙、证、辩、结"为逻辑程序的实证性批评。这是一种内容与形式统一的现代批评模式，显示出与中国传统"点评式"的感悟批评迥异的现代特征，明显地代表了中国现代文学批评的现代化进程。茅盾可以说是其典型代表。

茅盾信奉现实主义的创作原则，对"题材"格外关注。这是茅盾文学批评的一个鲜明特色。茅盾在文学批评时很注重作家对于题材内容深度和广度的把握能力。在《社会背景与创作》一文中，茅盾就感慨在新文学中缺少描写广阔气魄深厚的作品，对新文学只是集中在婚姻恋爱题材上表示不满意："婚姻问题的确是青年们目前的一大问题，文学上多描写，岂得谓过？但这样的把它看做全部生命中最重要的一部分也不嫌轻重失当么？而且许多的婚姻描写创作中又只是一般面目，——就是：甲男乙女，由父母作主自小订婚，甲男长大后别有恋爱，向父母要求取消婚约……——不也嫌无味么？这也是我所不满意的啊。"[①]他在《中国新文学大系·小说一集·导言》中，肯定新文学的发展："创作是在向多方面发展了。题材的范围是扩大得很多了，作家的视线从狭小的学校生活以及私生活的小小的波浪移转到广大的社会的动态。"但是，他也指出仍然

---

① 茅盾：《社会背景与创作》，《茅盾文艺杂论集》上集，上海：上海文艺出版社，1981年，第50页。

有很大不足，"'五卅'前夜主要的社会动态仍旧不能在文学里找见"，"'生活'的偏枯，结果是'文学'的偏枯"。①

"题材"的价值怎么衡量？茅盾的答案是"时代"。对"时代"的强调，是茅盾文学批评的又一重要特点。"时代"在作品中的表现就是社会背景和社会生活内容的描写，茅盾很重视批评对象反映社会背景和社会生活的能力。茅盾早期就认为，"凡要研究文学，至少要有人种学的常识，至少要懂得这种文学作品产生时的环境，至少要了解这种文学作品产生时代的时代精神，并且要懂这种文学作品的主人翁的身世和心情"②。而研究者也指出："从与时代生活的联系中考察作家及其作品的得失，是沈雁冰使用批评的一般特征。……他最有兴味评析作品的时代性和作家的认知程度。……而对当时创作中某些倾向的揭示，以及所寄予的热诚期望，他的出发点也在呼吁作家从一己的世界中走出，加强与时代的接触和联系。"③

在对待"时代"这一点上，茅盾与审美批评有明显不同的旨趣。对于周作人、梁实秋、沈从文等人而言，"时代"本身不是重点，"时代"的变化只是普遍永恒人性人情的舞台背景的变化，背景不是根本，人情人性才是中心。沈从文的文学批评有时也讲"时代背景"，但主要是讲文学的背景而非政治经济的背景。比如在《论闻一多的〈死水〉》一文中，他先讲1920年以来读者的心情，在郭沫若和徐志摩的浸染中，在这样的文学氛围背景下（由文学造就的时代风气）对比出闻一多的《死水》的独特性（非常寂寞的样子产生）。又比如在《郁达夫张资平及其影响》一文中，他也是将他们放在文学青年心理需求、文学趣味和礼拜六派发展的背景中。而对于茅盾这样的左翼作家和批评家而言，"时代"本身即作

---

① 茅盾：《中国新文学大系·小说一集·导言》，《中国新文学大系导言集》，中国香港：香港文学研究社，1968年，第94页。
② 茅盾：《文学与人生》，《茅盾文艺杂论集》上集，上海：上海文艺出版社，1981年，第114页。
③ 许道明：《中国现代文学批评史新编》，上海：复旦大学出版社，2002年，第47页。

品的表现内容,即题材;而题材就会体现作品的意义价值,对题材的把握和表现能力就是作家的艺术能力。而且更进一步,题材的变化追随"时代"的变化,"时代"的变化就是"时代"的进步,因而题材的开拓更新也就成为文学前进的标志。

而这个"时代"的内涵是什么?对于左翼作家而言,就是社会经济生活中的重大事件——在 20 世纪 20 年代中后期之后,就是革命,就是抗战。这样,作品的时代价值就又被置换为政治价值。因此,茅盾的文学批评就具有了鲜明的政治化色彩。这是茅盾文学批评的第三个特点。

注重题材的开掘及其所体现的时代价值的同时,茅盾并没有忘记作品的艺术性。他在《中国新文学大系·小说一集·导言》中提到一个名为李开先的作者发表的小说——《埂子上的一夜》,认为这篇小说"以个人自身经验为题材"却"跨过了学校生活和恋爱关系这狭小而被用滥了的范围",但是因为"不能够把他的'问题'来艺术形象化",因此没有选入《中国新文学大系·小说一集》中。又比如,茅盾评论王利民的《三天劳工底自述》中的"师哥定儿"写得好,其形象"作者都从琐细然而真切生动的'人物'的动作中表现了出来,并没用过半句抽象的'议论'[①]。"可以看到茅盾还是把艺术性看作文学作品成功不可或缺的条件。

而他的评论文字也不乏精妙的艺术水准。他评论朴圆的《两孝子》:"这一篇作品,很有巴尔干那些小国的作品的风味:轻灵袅娜,有野花似的香气。他那完全是口语的和美丽很自然的文字,那独特的创造的技巧,似乎在今天也还是难得的。"再看茅盾评论鲁迅:读《狂人日记》"只觉得受着一种痛快的刺戟,犹如久处黑暗的人们骤然看见了绚绝的阳光。这奇文中的冷隽的句子,挺峭的文调,对照着那含蓄半吐的意义,和淡淡的象征主义的色彩,便构成了异样的风格,使人一见就感着不可言喻

[①] 茅盾:《中国新文学大系·小说一集·导言》,《中国新文学大系导言集》,中国香港:香港文学研究社,1968 年,第 96 页。

的悲哀的愉快"①。"鲁迅君常常是创造'新形式'的先锋",《呐喊》里的作品"构成着异样的风格",有着"挺峭的文调"。② 这是何等丰富而深刻的审美直觉和鉴赏能力。而他准确地感受并指出的"鲁迅君常常是创造'新形式'的先锋,《呐喊》里的十多篇小说几乎一篇有一篇新形式"③,也成为不刊之论,为后世批评家所一再认同与引用。

从这样的充满文学性的评论句子中,我们可以想见茅盾并不是不会审美批评,并不是不能抓住批评对象的文学性蕴含,并不是写不出优美的评论文章。但是,茅盾显然意不在此。茅盾有些审美性的批评文字,如《冰心论》中的一些词句,与沈从文的风格极为相似,但是这样文字在茅盾的批评中比例不大,往往被理性的社会历史批评所淹没和冲淡,挤到不重要的边缘,得不到充分的铺陈张扬。或者我们可以说,这种审美批评只是茅盾的一个起点,走向社会历史批评的一个价值依据。实际上,茅盾评论的很多作家作品是有着鲜明丰富审美价值的,但他所侧重的只是思想价值社会意义这一极。

从文体风格角度来说,茅盾的文学批评形成了鲜明的范式。20世纪二三十年代,茅盾陆续发表了针对鲁迅等八位作家的评论,运用阶级分析的方法,将作品与作家的阶级出身、社会经历、政治态度联系起来,形成了时代—作家—作品的简单分析结构,再加上本质、意义、必然性等基本批评概念,从而构成了茅盾独特的"作家论"批评文体。罗宗义对其进行高度评价:"茅盾写于二十年代末与三十年代初的七篇作家论,不仅开辟了宏观的文学批评方式的先河,对于作家创作轨迹和风格予以全面的审视提供了一个科学的批评方式,而且也明显地表现出茅盾的批评个性:强烈的'历史意识'和'时代意识'而树立了社会历史批评的

---

① 茅盾:《读〈呐喊〉》,《茅盾论中国现代作家作品》,北京:北京大学出版社,1980年,第145页。
② 茅盾:《读〈呐喊〉》,《茅盾论中国现代作家作品》,北京:北京大学出版社,1980年,第149页。
③ 茅盾:《读〈呐喊〉》,《茅盾论中国现代作家作品》,北京:北京大学出版社,1980年,第149页。

杰出榜样；感知和理性相结合创造了思辨与文采相糅杂的'批评文体'而独树一帜，至今被奉为楷模。"① 温儒敏则称其"作家论"的文体"对当时流行的社会—历史批评，起过典范性的影响"②。而社会—历史批评，到今天还是文学批评和文学史编写的主流。作品论方面，茅盾的文学批评同样具有很强的可操作性或者说可模仿性，因为它有一个基本的程式步骤，那就是分析题材、归纳主题、提示语言技巧三段论式。其中，前两步属于思想分析，第三步属于艺术分析，重点在思想价值，可以说茅盾的批评标准基本就是思想标准（如果还不能说是政治标准的话）第一，艺术标准第二。

---

① 罗宗义：《茅盾文学批评论》，厦门：厦门大学出版社，1991年，第118页。
② 温儒敏：《茅盾与现代文学批评》，《文学评论》1996年3期。

第四章 从"身作"到"心构"：现代作家批评的文学史观

严复谈论小说时说过："有人身所作之史，有人心所构之史。"①"身作之史"就是实际发生过存在过的"史实"或者"实史"，而"心构之史"则是人们主观认定的历史。对于很多现代作家来讲，既以亲身创作实践创造了"身作之史"，也通过文学批评建构了"心构之史"。

今人常有"当代可否写史"的疑惑，但在现代文学时期似乎为现代文学写史或作"准文学史"式的总结比较活跃。这也许是因为西方"文学史"的观念和方法的传入与接受激发的浓厚持续的兴趣。郑振铎在其所著的《插图本中国文学史·自序》中说："中国文学自来无史，有之当自最近二三十年始。"②西方文学史观念既冲击也沟通了固有史学传统，"以史为鉴，可知得失"，及时总结新文学的成败得失，对于新文学的顺利发展显然大有裨益。

"我们有了什么样的现代文学？"对于现代文学的历史考察几乎是随着现代文学的产生就开始的。除了一些明确的文学史著作或论文，很多批评文章，不管是单个作家作品的批评，还是某阶段创作的总结，抑或是明确系统的史论，都常常充满了历史意识。仔细审视这些正式的文学史或者富于历史意识的批评文章，我们会有一种很强烈的感觉，似乎这些作家们很多时候并不是为了一种纯学术的历史研究，而是作

---

① 严复：《本馆附印说部缘起》，《中国近代文学大系·文学理论集2》，上海：上海书店，1994年，第249页。

② 郑振铎：《插图本中国文学史·上册》，上海：上海世纪出版集团，2005年，第1页。

为参与者对于自身历史地位的自我证明，对于自己所参与的历史活动的省思和推进。

因此，考察那个时代的作家们是怎么思考、想象和评价自己创造的现代文学，在"身作"的同时他们"心构"了怎样的"现代文学"和"现代文学史"，并且借此辨析真实的现代文学史与后人撰写的文学史有怎样应验或者背离了他们的预设和期待，应该是一个比较有意味的课题。

第一节 接续"传统"

表面看起来，从文言文学到白话文学，从古典文学到现代文学，中国文学到了五四文学革命出现了一个明显断裂，而五四文学革命先驱的一些言论也常常让我们加深这种感觉。

茅盾说："过去的艺术发展史同时又告诉我们：民族的文艺的新生，常常是靠了一种外来的文艺思潮的提倡，由纷乱如丝的局面暂时的趋向于一条路，然后再各自发展。"① 周作人在《人的文学》中说他所提倡"人的文学"就是要给中国文学建立新的价值体系。他说他是用欧洲的"人的发现"来给中国"辟人荒"。朱自清说："在那个阶段上，我们接受了种种外国的标准，而向现代化进行着。"② 鲁迅谈及五四新文学的生成特点时说："新文学是在外国文学潮流的推动下发生的，从中国古代文学方面，几乎一点遗产也没摄取。"③ 而鲁迅"不看中国书"，甚至要"废除汉字"的主张，更似乎显示出了与中国传统决裂的激进思想。

---

① 茅盾：《自然主义与中国现代小说》，《茅盾文艺杂论集》上集，上海：上海文艺出版社，1981年，第97页。
② 朱自清：《文学的标准与尺度》，《朱自清古典文学论集》上册，上海：上海古籍出版社，1981年，第11页。
③ 鲁迅：《"中国杰作小说"小引》，《鲁迅全集》第8卷，北京：人民文学出版社，2005年，第445页。

郁达夫则完全以二三百年来的欧洲文学为坐标系统来考察新文学运动以来的小说，提出"中国现代的小说，实际上是属于欧洲的文学系统的"①。所以现代我们所说的小说，与其说是"中国文学最近的一种新的格式"，还不如说是"中国小说的世界化"比较妥当。② 郁达夫认为，五四是一个断裂点，"自此以后，中国的思想界便加入了世界的联盟，而成了受着世界潮流灌溉的一块园地，所以中国现代的文艺复兴，应该断自五四运动起始才对。正唯其如此，故而目下我们来论述小说，也应该明白了西欧小说的古今趋势，才能够说话，因为现代的中国小说，已经接上了欧洲各国的小说系统，而成了世界文学的一条枝干的缘故"③。

梁实秋则称，"新诗，就是中文写的外国诗"，"认清新诗的原理是要到外国文学里去找"。④

这些言论都表明了作家们对于古代或传统文学的一种否定性的立场，但现代作家特别是五四那一代实际上心里又很明白与之前文学的连续性关系，断裂只是相对的、表面的、策略性的。

早在1907年，鲁迅就指出未来中国文化的理想出路是"洞达世界之大势，权衡较量，去其偏颇，得其神明，施之国中，翕合无间。外之既不后于世界之潮流，内之仍弗失固有之血脉，取今复古，别立新宗"⑤。后来，他进一步提出："采用外国的良规，加以发挥，使我们的作品更加丰满是一条路，择取中国的遗产，融合新机，使将来的作品别开生面也是一条路。"⑥ 对中国的传统资源给予了足够的重视。

何其芳说："我认为五四运动以来的新文学是旧文学的正当的发展。

---

① 郁达夫：《小说论》，《艺文私见》，上海：复旦大学出版社，2004年，第37页。
② 郁达夫：《小说论》，《艺文私见》，上海：复旦大学出版社，2004年，第37页。
③ 郁达夫：《现代小说所经过的路程》，《艺文私见》，上海：复旦大学出版社，2004年，第177页。
④ 梁实秋：《新诗的格调及其他》，《诗刊》创刊号，1931年1月20日。
⑤ 鲁迅：《文化偏至论》，《鲁迅全集》第1卷，北京：人民文学出版社，2005年，第57页。
⑥ 鲁迅：《〈木刻纪程〉小引》，《鲁迅全集》第6卷，北京：人民文学出版社，2005年，第50页。

虽然由于中国旧文学的落后性，由于旧文学的形式有的被利用了千余年，有的被利用了几百年，大部分无法再利用下去，因此大量地接受欧洲文学的影响，它并不是斩钉截铁地和旧文学毫无血统关系的承继者。很明显地，初期的白话诗保留着浓厚的旧诗词的影响（如胡适、俞平伯、刘大白等的诗集），有些小说也没有脱离旧小说的窠臼（如杨振声的《玉君》）。后来才在形式上更欧化而在内容上更现代化。"①

罗荪也明确地说："五四新文学运动的初期，不但新诗还保留着旧形式的规律性，而小说如五四初期的作者杨振声、汪敬熙、俞平伯、叶绍钧等，都还或多或少地保存着旧小说的写法与情调。"②

所以，叶维廉评论说：五四时期作家"所谓全盘否定传统只是一种表面的姿态而已。所有这些知识分子，胡适、鲁迅、郭沫若、徐志摩、闻一多等等，受的都是古典文化的教育。所以，在他们文学的表现上或社会思想形态的思考上，沉潜在他们下意识里的一些传统的美学观念和文化思想，仍然如鬼灵般左右着他们的取舍。"③

而罗岗的认识更为深刻：

> 外来影响下"变革的传统"最终仍将落实为"传统的变革"，就像胡适的"八不主义"曾受到美国意象派诗歌宣言的影响，但他本人却从未正式承认过，相反，他还在《尝试集·序》中郑重否认："我主张的文学革命，只是就中国今日文学的现状而论，和欧美的文学新潮流并没有关系。"这种态度可以看做是一种有意为之的策略，在保守的中国，文学革命的主张不能是欧美文学变革的道路和方式的直接搬演，它必须在传统中获得

---

① 何其芳：《论文学上的民族形式》，《胡风全集》第二卷，武汉：湖北人民出版社，1999年，第740页。
② 罗荪：《谈文学的民族形式》，《胡风全集》第二卷，武汉：湖北人民出版社，1999年，第740页。
③ 叶维廉：《中国诗学》，北京：生活·读书·新知三联书店，1992年，第201—202页。

广泛的合法性支持，方能稳住根基。①

因此，新文学运动的倡导者在论证文学革命的合法性时，在中国文学的历史源流中寻找依据，来说明这是有先例可依的，就显得可以理解。将新文学的历史源头往前延伸的做法在那个时代也不少见。譬如，1917年2月25日钱玄同致信陈独秀说："梁任公实为近来创造新文学之一人。……鄙意论现代文学之革新，必数梁先生。"陈独秀回复说："曼殊上人思想高洁，所为小说，描写人生真处，足为新文学之始基乎。"② 郭沫若在《文学革命之回顾》中也说："文学革命……的滥觞应该要追溯到清朝末年资产阶级的意识觉醒的时候。这个滥觞时期的代表，我们当推数梁任公。"③ 不是作家的吴文祺在《文学革命的先驱者——王静庵先生》一文中也认为，20世纪初的王国维先生才是文学革命的真正"先驱者"，他的"境界"主张，才是文学革命的实质和锋芒所在。④ 由此可见，这种把"新文学"往前追溯的做法在当时是比较普遍的。这不免让我们想起王德威的那句名言："没有晚清，何来五四？"而今人也将现代文学扩容前伸，也许意图旨趣与他们不同，行为上却有类似之处。

这种溯源沟通了新文学与传统的关系，在历史的断裂处修复了历史的连续性。但是，溯源的结果并不是要证明传统的强大，向传统投降倒退，而是为自己找到更深厚的历史依据，争取合法性。"每当新的情境出现，与之相适应的文化体系还未来得及建立起来时，传统便顺理成章地成为人们寻求前进路线的参照系，因为'新事物的形式与实质在很大程度上取决于一度存在的事物，并且以这些事物为出发点和方向'。拥有神圣感召力的传统不仅可以为新型文学提供合法性的依据，而且也提供了

---

① 罗岗：《危机时刻的文化想像：文学·文学史·文学教育》，南昌：江西教育出版社，2005年，第210—211页。
② 钱玄同：《钱玄同致陈独秀，附陈独秀复信》，《新青年》第3卷第1期，1917年3月1日。
③ 郭沫若：《文学革命之回顾》，《郭沫若全集·文学编》（十六），北京：人民文学出版社，1989年，第88页。
④ 吴文祺：《文学革命的先驱者——王静庵先生》，《小说月报》第17卷号外，1927年5月。

一种目标定位和行动动力，一种精神模式和价值规范。传统是存在于今天的历史因素，它作为一种'历经延传而又持久存在或一再出现'的特殊的社会文化信息系统，支配着人们的思想方法、情感态度以及行为模式，以一种充满感性的力度影响着创作主体的精神构成。"①

为新文学寻找历史的源头，胡适的《五十年来中国之文学》、周作人的《中国新文学的源流》是典型文本。

胡适的《五十年来中国之文学》是篇长文，1922年3月为上海《申报》创办五十周年纪念而作，后来发行单行本。文章共三万多字，分十节，前面九节讲晚清与民初文坛的嬗变，最后一节才正面叙述五四新文学运动的情况。与之前讲新文学的模式一样，胡适将论述的起点前伸，从旧文学讲起，但他的着眼点始终是新文学，讲五十年文坛之变，是为了说明新文学运动发生的历史必然性。这样叙述的好处就是不仅能清晰地展示早期新文学的运行轨迹，还可以对新文学在近代中国文学（甚至整个中国文学史）的历史流程中进行定位，体现出一种宏大的历史格局。实际上，这篇文章讲新文学并无多少实质内容，毕竟1922年的时候新文学运动才开始没几年，文章更重要的价值在于他的新文学源流观。

在这篇文章里，胡适把中国近代文学梳理出两条线索：一个古文传统，一个白话传统。胡适以进化的眼光对二者进行观照，断定古文传统在进化的历程中已逐步衰落，晚清民初虽有一些人极力革新，但也不过是"回光返照"，已成"半死文学"或"死文学"。而白话文学却是五十年来"势力最大，流行最广的文学"，"是这五十年中国文学的最高作品，最有文学价值的作品"，是"活文学"。② 从更广阔的历史来看，白话文学已有两千年历史，已经产生许多第一流的"活文学"，只是因为缺少有意的主张，一直没能得到公认而成为中国文学的中心。文学革命的意义

---

① 胡玉伟：《"历史"的规约与文学的建构——中国解放区文学研究（1942—1949）》，博士论文，东北师范大学，2006年5月。

② 胡适：《五十年来中国之文学》，姜义华主编《胡适学术文集·新文学运动》，北京：中华书局，1993年，第96页.

就在于有意主张白话文学,明确白话乃是创造中国文学的唯一工具,公开宣告"古文的死亡",从而使白话文学真正成了现代中国文学的正宗——当然这是与晚清白话文学有着本质区别的"新文学"了。这样,中国文学的"古文""白话"双线最终归结为"白话"一条线了,也许我们可以说胡适的文学史是"双线合一文学史"。

因为这样的逻辑,新文学仅凭语言这个工具的进化就轻松获得历史合法性,而无须借助艺术水准的衡量,所以新文学再稚嫩、再粗陋,也全面压倒旧文学成为历史的胜利者。胡适的进化论文学史观,既保持了文学史的连续性,为新文学找到历史的支撑,又意味着新文学(现代文学)就当时而言是处于进化的最顶端,保证了它相对于旧文学(古典文学)的优势地位,而且以古文文学史的终结保证了新文学在现代中国文学上的唯一合法性。文学革命的历史意义也因此相应得到充分论证。

周作人的《中国新文学的源流》写于1932年,是周作人1932年2月至4月间在辅仁大学八次讲演的记录稿,后印行为书。该书的内容是探讨五四新文学运动的源流、经过和意义。不过,它的主体部分也是讲的新文学之前的"源流",真正叙述新文学的内容只占很小的部分。这一点与胡适的《五十年来中国之文学》相似,甚至连体例框架也很有些相像(只是更为简略),不知是否受胡适的影响。但是,该书体现的史观和得出的结论却与胡适的大相径庭。

与胡适的进化论史观不同,周作人的文学史观可以称为"循环论"史观。周作人把中国文学分成"载道"和"言志"两派,认为两派交替出现,轮流占据主导地位,构成中国文学的发展过程:

> (言志与载道)这两种潮流的起伏,便造成了中国的文学史。我们以这样的观点去看中国的新文学运动,自然也比较容易看得清楚。[①]

[①] 周作人:《中国新文学的源流》,南京:江苏文艺出版社,2007年10月,第17页。

中国的文学，在过去所走并不是一条直路，而是像一道弯曲的河流，从甲处流到乙处，又从乙处流到甲处。遇到一次抵抗，其方向即起一次转变。①

民国以后的新文学运动，有人以为是一件破天荒的事情，胡适之先生在他所著的《白话文学史》中，他以为白话文学是文学唯一的目的地，以前的文学也是朝着这个方向走，只因为障碍物太多，直到现在才得走入正轨，而从今以后一定就要这样走下去。这意见我是不大赞同的。照我看来，中国文学始终是两种互相反对的力量起伏着，过去如此，将来也总如此。②

因这样的逻辑，周作人把"新文学"视为明代公安派、竟陵派"言志"文学的承续：

那一次的文学运动，和民国以来的这次文学革命运动，很有些相像的地方。两次的主张和趋势，几乎都很相同。更奇怪的是，有许多作品也都很相似。胡适之、冰心和徐志摩的作品，很像公安派的，清新透明而味道不甚深厚。好像一个水晶球样，虽是晶莹好看，但仔细地看多时就觉得没有多少意思了。和竟陵派相似的是俞平伯和废名两人，他们的作品有时很难懂，而这难懂却正是他们的好处。同样用白话写文章，他们所写出来的，却另是一样，不像透明的水晶球，要看懂必须费些功夫才行。然而更奇怪的是俞平伯和废名并不读竟陵派的书籍，他们的相似完全是无意中的巧合。从此，也更可见出明末和现今两次文学运动的趋向是怎样的相同了。③

如同胡适一样，周作人也把新文学的历史延伸到古代，为新文学寻找历史依据以做合法性论证。但是，我们可以看出周作人这一思维的内

---

① 周作人：《中国新文学的源流》，南京：江苏文艺出版社，2007年10月，第17页。
② 周作人：《中国新文学的源流》，南京：江苏文艺出版社，2007年10月，第18页。
③ 周作人：《中国新文学的源流》，南京：江苏文艺出版社，2007年10月，第27页。

在悖论：如果"新文学"不过是中国文学长河中"载道"与"言志"对立与循环的一个阶段，那么"新文学"无非是某一"旧文学"的翻版，"新文学"之"新"与"旧文学"之"旧"就不能成立，实际上是抹杀了新文学的独立性。这样，看起来是为了寻找历史合法性依据，传统是接上了，却反而否定了自身的现实意义与历史价值。

今天看来，周作人用"载道"与"言志"的循环概括中国文学史的发展历程实在简单，而以"言志"概括新文学的精神，也是挂一漏万。但是，周作人的这种处理也许不能用敷衍了事（因为是应邀演讲）或者学术不精来解释，也许有他难以言明的用意。用循环论来解释文学史，是对进化论的放弃；用言志来概括新文学，是对载道的排斥。在"五四"退潮，革命狂乱的 20 世纪 30 年代前后，这一观点显然有很现实的针对性。罗岗说其"写史偏多言外意"[①] 可谓看得深准。

第二节 重塑"正统"

在胡适那里，不仅是将新文学与中国文学接上轨，还要证明新文学不仅有历史，还是正统的历史。

葛兆光在《中国思想史》中说："所谓'统'，是一种历史系谱，怀有某种意图的思想家们，把在'过去'曾经出现过的，又经过他们精心挑选的一些人物或者思想凸显出来，按时间的线索连缀起来，写成一种有某种暗示性意味的'历史'，给这种历史以神圣的意义，来表达某种思想的合理性与永久性，于是就构成所谓的'统'。比如正统，是说政治史中由享有不言而喻的权力的家族和君主构成的连续系谱，进入这一系谱就意味着拥有政治权力的合法性。"[②]

[①] 罗岗：《危机时刻的文化想像：文学·文学史·文学教育》第九章，南昌：江西教育出版社，2005 年，第 223 页。

[②] 葛兆光：《中国思想史》第二卷，上海：复旦大学出版社，2000 年，第 325 页。

早在《文学改良刍议》一文里胡适就宣告了新文学的正统地位:"吾惟以施耐庵、曹雪芹、吴研人为文学正宗"①,"然以今世历史进化的眼光观之,则白话文学之为中国文学之正宗,又为将来文学必用之利器,可断言也"②。在《历史的文学观念论》一文中,他再次重申:"故又以为今日之文学,当以白话文学为正宗。"③ 而在《五十年来中国之文学》一文中,他则是比较系统地阐明和论证新文学的正统地位,从世界大势的角度雄辩地证明了白话文学的必然性和重要性,之后又转向中国的历史,再次为白话文学寻找正统的辩护。胡适为此"发现"了一个白话文学、平民文学、民间文学的传统,其实也可以说是胡适自己"创造"("建构")了这一传统。他认为,两千多年来白话文学的线索一直不断,与文言文学一直此消彼长,到了晚清,李伯元、吴沃尧、刘鹗等人所写的白话小说,无论是语言艺术还是结构手法,都很有创意,将白话小说提升到一个新的高度。沿着这一传统进化下来,就是胡适所提倡的"白话文学"要成为当今文学的正统了。通过对这一传统的梳理,文学革命与新文学就找到了历史的合法性基础。尽管胡适为新文学找了个源头,但他在《五十年来中国之文学》这篇文章中最终要强调的还是新文学运动的革命意义。所以,胡适还是找到了晚清白话文学和五四白话文学之间的根本性的区别,那就是主张白话运动的"有意"与"无意"。在他看来,晚清的白话文学尽管有很大的声色,然而毕竟"没有人出来明明白白地主张白话文学"。当时那些鼓吹白话的人并没有树立"历史的文学观念",他们提倡白话只是为了开通民智,而自己仍乐于欣赏和写作古诗古文。也就是说,提倡白话的"我们"不妨仍旧吃古文古诗的"肉",而把白话文学的"骨头"抛给"他们"这些下等社会的人来吃。胡适之所以

---

① 胡适:《文学改良刍议》,姜义华主编《胡适学术文集·新文学运动》,北京:中华书局,1993年,第27页。

② 胡适:《文学改良刍议》,姜义华主编《胡适学术文集·新文学运动》,北京:中华书局,1993年,第28页。

③ 胡适:《历史的文学观念论》,姜义华主编《胡适学术文集·新文学运动》,北京:中华书局,1993年,第33页。

要非常偏激地打出"古文死了二千年"的讣告,是为了与晚清的白话文倡导者划清界限,标示自己的革命价值。也就意味着,最终,文学革命之后的"新文学"才是真正的正统。

对《五十年来中国之文学》为新文学寻求正统的思想作进一步延伸,胡适又写了《白话文学史》。《白话文学史》虽然不是直接讲新文学,但是与新文学的合法性论证相通。它是新文学正统溯源的更前的延伸。新文学的发展,不仅需要打破传统的桎梏,确立白话文学的地位,同时需要用评判的眼光和科学的方法来研究过去的文学史,从中获取再造文明的创造性资源,使自身获得一种历史性的根基,也就是获得一种"传统"并进而成为"正统"。胡适写《白话文学史》正是秉持这样的一种意图。在这本书的"引子"中,胡适交代写这本书的目的有两个,"第一,我要大家知道白话文学不是这三四年来几个人凭空捏造出来的;我要大家知道白话文学是有历史的,是有很长又很光荣的历史的","第二,我要大家知道白话文学在中国文学史上占一个什么地位"。[①] 可以说,胡适正是希望通过《白话文学史》来为新文学张目,确立白话文学在文学史的正统地位。

在胡适看来,"白话文学是有历史的",新文学是有一个久远的"传统"存在的,但这个"传统"又不是当时人们所普遍认识到的那个"传统"——文言传统。为此,胡适重写了文学史,其颠覆之力度,可以说今日之重写文学史者无人能望其项背。不仅如此,胡适还更进一步认为这个他重写的白话文学传统才是中国文学的正统,因此胡适的重写文学史,我们不妨视为重塑"正统"。寻求正统的庇护,这本是历史上每一次文学变革的普遍规律。但是,新文学的特别之处是,颠覆一个正统再重构一个正统并将自身视为这个正统的延续者,以此树立自己的正统地位,证明自己的合法性。胡适明确地说过:"从文学史的趋势上承认白话文学为'宗',这就是正式否认骈文古文律诗古诗是正宗。这是推翻向来的正

---

① 胡适:《白话文学史》,上海:上海古籍出版社,1999年,第1—2页。

统，重新建立中国文学史上正统。"① 胡适重构的所谓白话文学史，实际上后人并没有坚持，我们今天的古代文学史也根本不是白话文学史，实质上更多的文学史内容是属于文言的精英文学，依然是文言文学史。但是，胡适的这一颠覆性的文学史书写，当时却给了人们巨大的冲击，对于急于冲破旧文学束缚的作家们而言，无疑是振奋人心的。所以，当鲁迅读到胡适的《五十年来中国之文学》手稿后，高度评赞："大稿已经读讫，警辟之至，大快人心！我很希望早日印成，因为这种历史的提示，胜于许多空理论。"②

胡适的《白话文学史》显然是一部为"造今日之文学"而"造"出来的"史"。与其说胡适在写史，倒不如说他在表明一种新态度。这种新态度可以叫作"评判的态度"。他评判的正确与否在今天也许可以商榷，但评判的正误并不重要，评判本身所显示出来的文学观念的革新才是《白话文学史》的最根本意义。而这种革新的文学观念，正是新文学所秉持的文学观念。也许我们可以说，在五四那一代，"古代文学史"在某种意义上，就是"古代的现代文学史"。这样被认可的正统的"传统"与正在成为正统的"现代"就打通了，也许我们可以称之为"一个正统，两个阶段"。

第三节　建构"新传统"

溯源也好，接续"传统"、寻求"正统"也好，新文学获得的是历史逻辑的合法性。现实的合法性仍需要以现实的方式获取。"人们要用你结

---

① 胡适：《中国新文学大系·建设理论集·导言》，姜义华主编《胡适学术文集·新文学运动》，北京：中华书局，1993 年，第 247 页。

② 鲁迅：《致胡适》（1922 年 8 月 21 日），《鲁迅全集》第十一卷，北京：人民文学出版社，2005 年，第 431 页。

第四章　从"身作"到"心构"：现代作家批评的文学史观

的果子来评判你。"① 自身的创作实绩如何，在文学史的角度对于后世的影响力如何，这才是新文学得以安身立命最重要和最关键的条件。在这个意义上，《中国新文学大系》的编撰恰到好处。

《中国新文学大系》是中国新文学运动1917年至1927年十年间的理论和作品的选集，由赵家璧主编，上海良友图书印刷公司于1935年至1936年间出版。全书分为十大卷：第一集《建设理论集》（胡适编）、第二集《文学论争集》（郑振铎编）、第三集《小说一集》（茅盾编）、第四集《小说二集》（鲁迅编）、第五集《小说三集》（郑伯奇编）、第六集《散文一集》（周作人编）、第七集《散文二集》（郁达夫编）、第八集《诗集》（朱自清编）、第九集《戏剧集》（洪深编）、第十集《史料·索引》（阿英编）。该大系由蔡元培作总序，每集的编选者撰写一篇导言，可谓阵容强大，内容全面，体现出了为新文学运动作一历史性总结的宏大愿望。

《中国新文学大系》诞生的20世纪30年代，遵循"文学革命"宗旨建立和发展的新文学正在受到两面夹攻。一是1927年后国共的分裂与斗争，形成了与五四时期完全不一样的社会与文化环境，积极感应社会动向的文学自然作出敏感的反应，在新文学内部也出现了新的方向转折，革命文学（无产阶级文学）迅速升温，反过来批判和清算五四新文学。二是由于国民党的白色恐怖波及文化界，进步文化遭到压制，从而导致20世纪30年代复古思潮的沉渣泛起。当时在良友公司供职的甘乃光就清楚地指出："当翻印古书的风气正在复活，连明人小品也视同瑰宝拿出来翻印的今日，良友公司把当代新文学体系，整理出来，整个地献给读者，可算是一种繁重而切合时代需要的劳作。"② 赵家璧本人也回忆说："当时正值国民党提倡复古运动，叫青年学生尊孔读经；进步的文化人都

---

① 胡适：《中国新文学大系·建设理论集·导言》，中国香港：香港文学研究社，1968年，第10页。
② 徐鹏绪、李广：《〈中国新文学大系〉研究》，北京：社会科学文献出版社，2007年，第28页。

认为应当继承和发扬五四运动的革命传统，才能拯救中国。五四运动离那时不过十多年，但是许多代表作已不见流传，文学青年要找到这些材料同古书一样要跑旧书摊。"① 五四新文学于20世纪30年代初正处在衰落与被遗忘的危险中，在这样的背景下，新文学急需对自身作一个总结，这个总结也是对其价值的一个声明。罗岗分析说："30年代初，五四新文学受到来自各方面的严峻挑战，革命文学的兴起，尊孔读经运动，乃至林语堂提倡的'语录体'……各种势力都把矛头指向了五四新文学。'大系'的编辑和出版，恰巧为回应这些挑战提供了机遇。这套书不仅通过对重要理论、创作的汇集，而且运用具有相当策略性的编辑手法，甚至在文献史料的选择安排上，都力图捍卫'新文学的合法性'。"② 因此，这一次大规模的有意识的有计划的历史总结，从某种意义上也可以说是一次及时的自我拯救行动。

当然，《中国新文学大系》的编撰不单是一次自我肯定，更是对自身传统的一次梳理总结，也含有影响未来的深意。如果说《五十年来中国之文学》与《中国新文学的源流》是"溯源"，是在为现代文学寻找历史的合法性依据，那么《中国新文学大系》则是试图通过自我经典化来获得现实的合法性，并且建构一个现实的、当代的"新传统"。以《中国新文学大系》各集的导言表现得最为集中与分明，这些导言就本身形态而言是文学批评文章，因为是对一个阶段的梳理评析，所以其又有丰富的文学史意义。

《中国新文学大系》的编选包括导言的写作，可以说是一次"准集体写作"，是现代作家们的一次共同的"心构之史"。因此，其中必然遵循一些基本"共识"，但也会有分歧。那么，在《中国新文学大系》里，新文学的"共识"是什么呢？在"共识"之外，又怎样同时保留各自的"用心"？这些"不一致"又与现代文学的现实传统构成一种怎样的关系？

---

① 赵家璧：《编辑忆旧》，上海：生活·读书·新知三联书店，1984年，第172页。
② 罗岗：《危机时刻的文化想像：文学·文学史·文学教育》，南昌：江西教育出版社，2005年，第266页。

一、文体选择

《中国新文学大系》对文学创作的选编体例采用了小说、诗歌、散文、戏剧的四分法。这种文体分类，接受的是西方文学观念，一是体现纯文学的观念，二是体现文类之间的平等意识而不是中国古代的文体尊卑观，是文学现代性形成的标志，在文学革命前后得到新文学作家的普遍接受。《中国新文学大系》以经典文选的方式再次稳定强化了这一基本文类体系，为现代文学划定了基本疆域，既是对文学革命以来的文学观念的一次巩固定型，也是对文学史观念的一次规则制定。按照福柯的说法，"文学是通过选择、神圣化和制度的合法化的交互作用来发挥功能的"①。《中国新文学大系》的编撰将新文学的文体进行了一次"制度化"的处理。

因为《中国新文学大系》的经典地位，其四大文类的基本组织框架，形成了中国现代文学、中国现代文学史的基本传统之一。直至今天，无论是文学理论还是文学史编撰仍没有实质性地突破这四大文类（文体），虽然在后来的《中国新文学大系（1927—1937）》《中国新文学大系（1937—1949）》《中国新文学大系（1949—1976）》和《中国新文艺大系》等总集编撰中增加了一些文体，如杂文、报告文学、电影文学等，但在各种以"现代文学史""当代文学史"为名的总论式文学史著作中仍然基本被忽略。

二、分期意识

《中国新文学大系》要对新文学作系统的资料选编，显然还有个时间范围的问题。《中国新文学大系》确定的是 1917 年至 1927 年，又称之为"第一个十年"。这并不是随意而定，这一时间分期背后的含义还是很耐

---

① 福柯：《权力的眼睛——福柯访谈录》，上海：上海人民出版社，1997 年，第 88—89 页。

人寻味的。柄谷行人认为:"分期对于历史不可或缺。标出一个时期,意味着提供一个开始和一个结尾,并以此来认识事件的意义。从宏观的角度,可以说历史的规则就是通过对分期的论争而得出的结果,因为分期本身改变了事件的性质。"①

1917年至1927年这个起讫时间的确立实际上是茅盾的意见。根据赵家璧的回忆,当时对于选稿的起讫时间是有不同意见的,阿英主张从"五四"到"五卅":"从'五四'到'五卅',在时间上,大致是六年的光景,这一个时期,可说是文学革命期。"②但是,郑振铎不同意这个分法,于是赵家璧向茅盾请教。据赵家璧的回忆,茅盾在1934年的时候复信给他,提出了自己的意见:

> "五四"是一九一九年,"五卅"是一九二五年,前后六年,这六年虽然在新文学史上好像热闹得很,其实作品并不多。弟以为不如定自"五四"至"北伐",即一九一九年——一九二七年,如此则把现代中国文学分为两个时期,即"五四"到"北伐","北伐"到现在。……本来"五四"到"五卅"不过表示了"里程碑",事实上,第一本的"建设的文学理论",就有许多重要的文章是发表在"五四"以前。从一九一七到一九二七,十年断代是并没有毛病的。③

茅盾后来自己也回忆道:

> 断代以一九一七到一九二七年大革命为界较为妥当,因为新文学运动从"五四"前两年就开始酝酿了,一九一九年"五四"至一九二五年"五卅"这六年,虽然在新文学史上好像很热闹,其实作品并不多,"五卅"运动前后开始提出了"革命文

---

① 柄谷行人:《现代日本的话语空间》,张京媛主编《后殖民理论与文化批评》,董之林译,北京:北京大学出版社,1999年,第415—416页。
② 张若英:《中国新文学运动史资料·序记》,《中国新文学运动史资料》,上海:光明书局,1934年,第1页。
③ 赵家璧:《话说〈中国新文学大系〉》,《新文学史料》1984年第1期。

学"口号，但也只是理论上的初步讨论，并未产生相应的作品；而一九二七年大革命失败后，情形就完全不同了，这个阶段到现在还没有结束。①

两处的内容有一些不同，但只是文字的大同小异，意思并无出入。茅盾的这一意见得到赵家璧的采纳。

这个时间处理细分起来实际涉及两个问题：一是"起"，即新文学运动从何时算起？二是"讫"，因为新文学运动还在进行之中，所以这个"讫"，就是对新文学运动的阶段划分的理解。

先看"起"。《中国新文学大系》既名为"中国新文学大系"，则显示了"新"与"旧"的分殊。新旧的意识与策略，对现代作家们来说都不是问题。但是，《中国新文学大系》作为文学史性质的回顾总结，除了对新文学的历史成就作出判断，回答类似"新在哪里？新得是否有价值？"这样的问题之外，还需要回答一个问题：新于何时？因此，借这次编选史料总集进行系统总结的机会，新文学的开创者们为新旧文学划出了一个清晰的界限，也是为"自己的历史"树立了一个明确的起点：1917 年。

之前人们对于新文学运动究竟从何时开始并无明确的定论，有 1895 年、1898 年、1900 年、1915 年、1916 年、1917 年、1918 年和 1919 年等多种说法。钱玄同、郭沫若等一些作家将梁启超视为新文学的第一人，源头伸得很远。陈子展的《中国近代文学之变迁：最近三十年中国文学史》则把新文学运动的上限定在 1915 年。胡适则有时讲 1916 年，有时讲 1917 年。而阿英的《中国新文学运动史资料》则把 1919 年 5 月 4 日（即五四运动）作为新文学运动的开始，对《中国新文学大系》他同样提出了这个意见，但没有得到采纳。

最后，茅盾提出的意见被采纳，《中国新文学大系》的各卷编撰者也都几乎遵循了这一起点时间。茅盾本人在《中国新文学大系·小说一集》

---

① 茅盾：《1935 年记事：回忆录十八》，《新文学史料》1983 年第 1 期。

的导言中,开篇第一句话即从1917年的《文学革命论》谈起,直入主题毫不拖泥带水。其他作家也一样,郑振铎在《中国新文学大系·文学论争集》的导言中,把1917年胡适的《文学改良刍议》作为"发难"的信号。鲁迅和郑伯奇也都把《新青年》杂志和"文学革命"作为新文学运动的起点。周作人指出,"民国六年以至八年文学革命的风潮勃兴,渐以奠定新文学的基础"①,"新文学的散文可以说是始于文学革命"②。洪深也不例外地认为新文学运动开始在五四运动的前一两年。

这意味着他们都视"文学革命"之后的"新文学"为真正的新文学,而这个时间恰恰是这一批作家们进入文坛的开始,因此他们编撰的就是他们"自己的历史",这就隐含了这么一种历史开创者的荣耀:这是"新文学"和"新文学史",也是我们"自己的文学"和"自己的文学史",新的历史是我们创造的,现在也当由我们自己来梳理!人们常说胡适写的导言字里行间蕴含着改写荣誉再分配方案的言外之味,实际上整个《中国新文学大系》的编撰都可以视为这一代作家对历史荣誉的自我表彰。正如杨义所指出,"想当初,赵家璧如此一位年轻编辑能够约齐如此一个各卷主编的阵容,凭他的资历名望,似不可能。似不可能而成为大可能,这就是奇迹。由于编辑构想对应着和切合着这批文学界权威人士的一种内在欲望,一种表现自己、辩解自己、清理自己、解说自己,使个人踪迹历史化的欲望,从而使得一种富有想象力的编辑幻想,成为举世瞩目的出版现实"③。

再看"讫"。关于新文学运动发展阶段的变化,同样存在一些不同的看法。

此前,王哲甫的《中国新文学运动史》把1917年至1925年分为第

---

① 周作人:《中国新文学大系·散文一集·导言》,《中国新文学大系导言集》中国香港:香港文学研究社,1968年,第181页。
② 周作人:《中国新文学大系·散文一集·导言》,《中国新文学大系导言集》中国香港:香港文学研究社,1968年,第177页。
③ 杨义:《新文学开创史的自我证明》,《文艺研究》1999年第5期。

第四章　从"身作"到"心构"：现代作家批评的文学史观　147

一阶段。类似地，阿英认为 1919 年至 1925 年为一个历史阶段。显然，这个阶段的一头一尾都有着重大的社会历史事件，1919 年是五四运动，1925 年则是五卅运动。阿英的这种划分法显然是左翼的典型思维，即文学的发展由社会政治决定并反映社会政治的变动。正如许多研究者所指出的那样，茅盾和阿英、王哲甫等人的不同，不过是所找的政治分界岭不同，而本质上不管是以"五卅"还是以"北伐结束"（或者"国共分家"）来给新文学运动分期，都同样是政治的思路，都是把重大社会历史事件作为文学发展的风向标。

　　倒是郁达夫对于分期的认识更靠近于文学的视角。在刊于 1933 年 7 月 1 日《现代》第三卷第三期的《无事忙者闲谈》这篇文章里，郁达夫假借有人以"五四是一期，五卅是一期，九一八是一期"来询问意见，他回答说："大致是不错，不过从五卅事件发生之后起，一直到国共分家的前夜止，文学上的意识是表现得不太明确的，所谓普罗文学的兴起，怕是在国共分家以后的事情吧？这当然又是一个重要的时期。"[①] 从时间上说，郁达夫的这篇文章早于茅盾 1934 年写给赵家璧的信，没有证据表明茅盾是否受到郁达夫的影响，但两人观点惊人相似的背后还是有不一样的思考逻辑。郁达夫是从文学意识的角度，来看待新文学的历史阶段，即使这个文学意识包含政治的因素，也更切近文学的规律。这种认识体现到了郁达夫对《中国新文学大系·散文二集》的编选中。郁达夫在和周作人商量确定该集的编选标准时，没有以文学的团体也没有以文学的派别为标准，而是最终确定以"人"为标准。以团体或者派别为标准，容易受文学之外的因素的制约，而以"人"为标准，则更侧重作家个人的文学意识及其所外化出来的艺术个性，显然更符合文学的标准。再者，在选材的时间限制上，郁达夫说："原定的体例，是只选自一九一七至一九二七之间的作品。但被选的诸家，大抵还是现在正在写作的现代作家

[①] 郁达夫：《无事忙者闲谈》，《郁达夫文论集》，杭州：浙江文艺出版社，1985 年，第 550 页。

（除两位已故者外），思想与文章，同科学实验不同，截去了尾巴，有时候前半截要分析不清。对这个问题，我和周作人所抱的，是同一个意见，所以明知有背体例，但一九二七年以后的作品，也择优采入了一小点，以便参证……"① 这显然更注意作家创作生涯与艺术风格的完整性，也是注重文学意识完整性的意思。

但是，茅盾的分期还是在一定程度上掩盖了政治意识。尽管这种分期的背后还是政治的思路，但也只是背后的逻辑而已，从《中国新文学大系》的副题"第一个十年：一九一七至一九二七"的表面上看，我们基本看不出政治性的标志。看起来，这个时间是那么的自然而然，十年，在人的年龄上就是一代，恰好喻示了新文学如同一个孩子一样已经走过了他的幼年，正在走向成熟。

同样，随着政治对文学史写作的影响，新文学分期的处理也在变动。比如，李何林 1939 年出版的《近二十年中国文艺思潮论》一书中论介的范围是 1917 年至 1937 年。著者显然是依据"文学运动为政治和社会变革所决定"这样的文学史观，以二十年间三个较重大的历史事件作为划分文学思潮发展三个阶段的标志，即"五四"（1919 年）、"五卅"（1925 年）和"九一八"（1931 年），全书也依此分为三编。这一做法，显然回到了阿英的立场。

抽象的"时代"分期与断代模式因为隐含着有关历史发展的现代性思想，因而绝不只是价值中立的时间范畴。从上面所描述的各种变化中，我们可以看到，对新文学的起讫的理解和处理，并不只是简单的技术处理，背后都有着各种意识形态的制约。

三、形象合塑

"人们要用你结的果子来评判你"，新文学自身的传统终究要落实到

---

① 郁达夫：《中国新文学大系·散文二集·导言》，《中国新文学大系导言集》，中国香港：香港文学研究社，1968 年，第 212—213 页。

文学本体。回到文学上来，在对新文学发展历史的梳理与评价方面，各卷导言体现了求同存异的面貌。除了周作人、郁达夫不注重史的梳理而更侧重个人趣味偏好之外，其他各卷编者都非常注重文学史线索的勾勒，充分体现了从"选家之学"到"史家之学"的自觉转换。在宏观把握的视野之下，这些作家又从各自的才情学识出发，对新文学的创作实绩作了微观具体的评析，精彩各异，充分体现出作家批评的本色。这些从新文学各个方面分头展开的历史书写，汇聚在一起，便为我们描绘出了新文学头十年间的一个整体形象，这就是新文学"第一个十年"的全部历史，新的传统就寓含其中。

胡适在《中国新文学大系·建设理论集·导言》中这样总结"新文学"：

> 我们的中心理论只有两个：一个是我们要建立一种"活的文学"，一个是我们要建立一种"人的文学"。前一个理论是文字工具的革新，后一种是文学内容的革新。中国新文学运动的一切理论都可以包括在这两个中心思想的里面。[1]

后面又说："这一条中心理论，有两个方面：一面要推倒旧文学，一面要建立白话为一切文学的工具。"

> 在那破坏的方面，我们当时采用的作战方法是"历史进化的文学观"，就是说：文学者，随时代而变迁者也。一时代有一时代之文学……各因时势风会而变，各有其特长。……唐人不当作商、周之诗，宋人不当作相如、子云之赋，即令作之，亦必不工。逆天背时，故不能工也。……今日之中国，当造今日之文学……我们要用这个历史的文学观来做打倒古文学的武器……[2]

---

[1] 胡适：《中国新文学大系·建设理论集·导言》，姜义华主编《胡适学术文集·新文学运动》，北京：中华书局，1993年，第244页。

[2] 胡适：《中国新文学大系·建设理论集·导言》，姜义华主编《胡适学术文集·新文学运动》，北京：中华书局，1993年，第246页。

> 在建设的方面,我们主张要把白话建立为一切文学的唯一工具。……把文学革命的目标化零为整,归结到"国语的文学,文学的国语"十个大字……①

胡适始终强调之前之后一以贯之的基本观点,文学革命主要的就是建设白话文学的正宗地位。其他方面,诸如陈独秀的主张、周作人的主张,他都做了淡化处理。他始终想将新文学控制在文学本身范围内,不希望新文学过多地与政治拉上关系。

郑振铎则突出新文学面向时代的战斗传统,将新文学的"第一个十年"描绘成一个与旧文学"扎硬寨,打死战"的毫不妥协的斗争史,强调先驱者们的勇敢与坚定,造就了这"伟大的十年"。他梳理了新文学阵营与复古派、改良派、鸳鸯蝴蝶派、甲寅派的斗争历史,塑造了新文学的胜利者形象。

他把新文学"第一个十年"大致分成两个时期:第一期是新文化运动和白话文运动,以《新青年》为核心,"一方面是对于旧的文化,传统的道德,反抗,破坏,否认,打倒,一方面树立起文言合一的大旗,要求以国语文为文学的正宗"②;第二期是新文学的建设时代,以文学研究会和创造社的成立为标志,开始了纯粹的新文学运动。"第一个十年"终止于五卅运动开启的革命时代,之后就是从文学革命到革命文学时期。在这样的一个发展历程里,始终贯穿了一条主线,那就是文学与时代的呼号相应答,感知着苦难的社会而为之写作。虽然在新文学向哪里去的问题上存在写实主义和浪漫主义的分歧,但是浪漫主义者也往往是旧社会的反抗者,最终也变成"血与泪的文学"的同群。而文学革命之所以转变为革命文学,其道理也在这里面。

---

① 胡适:《中国新文学大系·建设理论集·导言》,姜义华主编《胡适学术文集·新文学运动》,北京:中华书局,1993年,第249页。

② 郑振铎:《中国新文学大系·文学论争集·导言》,《中国新文学大系导言集》,中国香港:香港文学研究社,1968年,第68—69页。

茅盾也指出，新文学运动初期还没有纯文艺性质的社团，作为新文学大本营的《新青年》主要还是一个文化批判的刊物。因此，这时候的文学运动主要体现为一种文化批判，"他们的文学理论的出发点是'新旧思想的冲突'，他们是站在反封建的自觉上去攻击封建制度的形象的作物——旧文艺"。他认为，"这是'五四'文学运动初期的一个主要特性，也是一条正确的路径"。

在反封建的问题上大家意见比较一致，但是"反"了之后怎么办，也就是新文学自身如何建设，却没有共识。

> "五四"时代初期的反封建的色彩，是明明白白的；但是"反"了以后应当建设怎样一种新的文化呢？这问题在当时并没有确定的回答。不是没有人试作回答，而是没有人的提案能得到普遍一致的拥护。那时候，参加"反封建"运动的人们并不是属于同一的社会阶层，因而到了问题是"将来如何"的时候，意见就很分歧了。然而也并不是没有比较最有实力的一种意见，这就是所谓"只问病源，不开药方"。①

茅盾指出，这不是答案，只是一种态度。茅盾指出，文学研究会也一样，并没有提出过集团的主张，也没有包办、垄断整个文坛的意愿，"将文艺当作高兴时的游戏或失意时的消遣的时候，现在已经过去了"，也只是文学研究会集团名下有关系的人们的共同基本态度。但是，茅盾也承认文学研究会的主要作家是有共同的创作倾向的："文学应该反映社会生活的现象，表现并且讨论一些有关人生一般的问题。"②

事实上，茅盾也正是在这种观念的支配下，来分析评价"第一个十年"的具体创作情况的。他以数据统计分析的实证方法，从题材、思想、技术三个方面考察作品，但主要落脚点还在于对题材的开拓与把握。茅

---

① 茅盾：《中国新文学大系·小说一集·导言》，《中国新文学大系导言集》，中国香港：香港文学研究社，1968年，第83页。
② 茅盾：《中国新文学大系·小说一集·导言》，《中国新文学大系导言集》，中国香港：香港文学研究社，1968年，第84页。

盾分析指出，十年间的前五年左右，新文学有两个缺点。一是题材很单一狭窄，几乎看不到全般的社会想象而只有个人生活的小小的一角。二是观念化。观念化实际上还是对于题材的开掘把握的能力不足。茅盾分析原因时指出，除了引导不够之外，主观上还是因为作家们的生活单调，由此导致意识单一，一方面限制了他们的题材，另一方面又限制了他们觅取题材的眼光。后五年，题材的范围扩大了很多，作家们的视线从狭小的学校生活以及私生活的小小波浪转移到广大的社会动态。但是，还不是那么完全令人满意，五卅运动前夜的主要社会动态仍旧不能在文学里找见。总之，仍然是生活的偏枯导致文学的偏枯。

茅盾梳理出来的新文学发展历程是一个与社会人生结合日渐紧密、题材不断扩大的过程。茅盾虽然充分肯定十年间难得的成就，但总体上讲，对十年的成绩不是很满意。

郑伯奇在《中国新文学大系·小说三集》的导言中说："现在回顾这短短十年间中国文学的进展，我们可以看出西欧二百年中的历史在这里很快地反复了一番。这不是说中国的新文学已经成长到和西欧各国同一的水准。落后的国家虽然急起直追，也断不能一跃而跻于先进之列。尤其是文学艺术方面，精神遗产的微薄常常使后进国暴露出它的弱点。我们只想指出这短短十年中间，西欧两世纪所经过了的文学上的种种动向，都在中国很匆促而又很杂乱地出现过来。"[1] 这与郑振铎所说的"五四运动初期口号式的比较粗枝大叶的一种新文学运动的情态"是一致的感觉。

郑伯奇认同茅盾十年间前五年与后五年反差明显的看法，也都将文学研究会、创造社等文学社团流派的兴起看成文学活跃的标志。他追溯了创造社成立的曲折过程，并且强调了创造社"为艺术"并非艺术至上主义，只是对于文学有着严肃的态度，并且背后也有着深刻的社会时代内涵：

---

[1] 郑伯奇：《中国新文学大系·小说三集·导言》，《中国新文学大系导言集》，中国香港：香港文学研究社，1968年，第145—146页。

创造社的倾向，从来是被看做和文学研究会所代表的人生派相对立的艺术派。这样的分别是含混的，因为人生派和艺术派这两个名称的含义就不很明确。若说创造社是艺术至上主义者的一群，那更显得是不对。固然郁达夫在他的《文艺私见》中曾有过"文艺是天才的创造物，不可以规矩来测量的"这样的语句；郭沫若、成仿吾诸人也常用"艺术之神"这样的字眼。其实这不过是平常的说话，并不足以决定他们自称天才，或者自诩为"艺术之神"的宠儿。真正的艺术至上主义者是忘却了一切时代的社会关心，而笼居在"象牙之塔"里面从事艺术生活的人们。创造社的作家，谁都没有这样的倾向。郭沫若的诗，郁达夫的小说，成仿吾的批评，以及其他诸人的作品都显示出他们对于时代和社会的热烈的关心。所谓"象牙之塔"一点没有给他们准备着。他们依然是在社会的桎梏之下呻吟着的"时代儿"。①

比较有趣的是，和茅盾强调研究会没有"集团的主张"一样，郑伯奇也强调创造社并没有"划一的主张"，而且郑伯奇强调创造社并未脱离社会人生，仿佛就像郑振铎说的那样二者成了"同群"，两人的说法勾勒出了一副新文坛和谐团结的景象。实际上，文学研究会不管有没有共同的宣言主张，实际上已经形成了统一的创作倾向，茅盾本人也不能不承认；而创造社的浪漫主义是否脱离时代，显然也不必特别强调。两人也许有塑造新文学的正面的整一的形象的考虑，所以尽可能消弭内部的分歧。

鲁迅勾勒的是文研会与创造社之外的其他社团流派或者说是作家群的发展历史。他以史家的严肃态度，举贤不避亲，客观公正地评价自己的小说，显示了文学革命的实绩。然后对《新潮》作家群、弥洒社、浅

---

① 郑伯奇：《中国新文学大系·小说三集·导言》，《中国新文学大系导言集》，中国香港：香港文学研究社，1968 年，第 152—153 页。

草社、沉钟社、莽原社、狂飙社、未名社等作了精要的点评，此外还首次提出"乡土文学"概念，并与"侨寓文学"对比，对后世现代文学研究影响很大。鲁迅的评析不局限于"为人生"还是"为艺术"，也不停留在一般的创作手法或者创作态度，而是深入发掘作家的精神思想。① 比如，评价王鲁彦的悲哀如同"秋天的雨，无心的'人'"，又指出他"对专制不平，但又向自由冷笑。作者往往是想以诙谐之笔出之的，但也因为太冷静了，就又往往化为冷话，失掉了人间的诙谐"②。这些深入对象精神世界深处的论断，正体现了鲁迅作为精神战士的深邃眼光。

朱自清的《中国新文学大系·诗集·导言》虽然不长，却既有对新诗史宏观的把握，又有细节的条分缕析，线索极为分明，还有一个显著的特点是比较强调外国的影响。洪深的《中国新文学大系·戏剧集·导言》篇幅最长，也是极尽周详地把新戏剧的发展历程做了记录，它的特色在于很注重戏剧史迹的记录，如对书信、演出海报、报刊广告、演员表等这样的看起来"非文学"的材料都有不厌其烦的摘引，对文学史的文献学研究应该有很大的启发。而在第一节里，强调五四运动对于新文学的重大作用，在第一、第二节专门分析中国的社会政治变动，则已经体现了把文学史纳入政治框架的倾向。

周作人则回避散文发展中的社会历史特别是政治的因素，谈美文，谈小品文，均以"言自己之志"为标准与目的，甚至沟通晚明文章以为新文学之内在精神。郁达夫的导言则写成了现代散文艺术论，不过其指出的现代散文重个性、扩范围、添幽默三大特征，倒也符合中国现代散文的发展面貌。

在具体的作家作品介绍评论方面，几位编选者更是各展其长，充分发挥作家敏锐精深的感悟力，留下了许多经典评论。

---

① 鲁迅：《中国新文学大系·小说二集·导言》，《中国新文学大系导言集》，中国香港：香港文学研究社，1968年，第127页。

② 鲁迅：《中国新文学大系·小说二集·导言》，《中国新文学大系导言集》，中国香港：香港文学研究社，1968年，第132—133页。

第四章　从"身作"到"心构"：现代作家批评的文学史观

鲁迅评价自己的《狂人日记》"却比果戈理的忧愤深广，也不如尼采的超人的渺茫"①，评价浅草社"向外，在摄取异域的营养，向内，在挖掘自己的魂灵，要发见心灵的眼睛和喉舌，来凝视这世界，将真与美歌唱给寂寞的人们"②，评价"乡土文学"作家"侨寓的只是作者自己，却不是这作者所写的文章，因此也只见隐现着的乡愁，很难有异域情调来开拓读者的心胸，或者炫耀他的眼界"③，等等，都成为后世的不刊之论。

郁达夫评论冰心的散文用了一连串高洁净雅的比喻，十分贴切冰心那种充满爱、美与童心的心灵与文风：

> 冰心女士散文的清丽，文字的典雅，思想的纯洁，在中国好算是独一无二的作家了；记得雪莱的咏云雀的诗里，仿佛说过云雀是初生的欢喜的化身，是光天化日之下的星辰，是同月光一样来把歌声散溢于宇宙之中的使者，是虹霓的彩滴要自愧不如的妙音的雨师，是……这一首千古的杰作，我现在记也记不清了，总而言之，把这一首诗全部拿来，以诗人赞美云雀的清词妙句，一字不易地用在冰心女士的散文批评之上，我想是最适当也没有的事情。④

而他对于鲁迅和周作人的风格比较，更是人们盛赞不已的经典：

> 鲁迅的文体简练得像一把匕首，能以寸铁杀人，一刀见血……与此相反，周作人的文体，又来得舒徐自在，信笔所至，初看似乎散漫支离，过于繁琐！但仔细一读，却觉得他的漫谈，

---

① 鲁迅：《中国新文学大系·小说二集·导言》，《中国新文学大系导言集》，中国香港：香港文学研究社，1968年，第124页。
② 鲁迅：《中国新文学大系·小说二集·导言》，《中国新文学大系导言集》，中国香港：香港文学研究社，1968年，第127页。
③ 鲁迅：《中国新文学大系·小说二集·导言》，《中国新文学大系导言集》，中国香港：香港文学研究社，1968年，第131页。
④ 郁达夫：《中国新文学大系·散文二集·导言》，《中国新文学大系导言集》，中国香港：香港文学研究社，1968年，第216页。

句句含有分量。一篇之中，少一句就不对；一句之中，易一字也不可；读完之后，还想翻转来从头再读的。当然这是指他从前的散文而说，近几年来，一变而为枯涩苍老，炉火纯青，归入古雅遒劲的一途了。①

茅盾也展现了他冷静理智、提纲挈领、准确定位的评论风格。比如，他评论叶圣陶"冷静地谛视人生，客观地，写实地，描写着灰色的卑琐人生的，是叶绍钧"②，成为文学史的定论。

其他导言作者也各有精彩，这些经典性的论述点评与整体的宏观梳理相映生辉，可谓大处准确，细节精彩，共同构成了一部生动丰满的文学史。

对这些导言梳理的同时塑造了新文学的面貌。对于新文学的塑造，也许不是从《中国新文学大系》才开始，但至少是《中国新文学大系》将之明晰化、系统化和强化了。诸如这样的一些观念：现代纯文学的体系，白话文学的正统意识，进化论的哲学基础，"为人生"的启蒙立场，"为艺术"的文学自觉，对通俗文学的排斥，等等，构成了我们对于"新文学"的基本判断，也构成了"新文学"（后来变成"现代文学"）的基本传统。因为导言的作者都是新文学历史的直接创造者、参与者，因此当他们来对自己亲身参与的这段历史进行总结回顾时，现场感就特别明显，那些因为身份立场不同带来的不同历史眼光，那些感同身受的情感体验，那种鲜活的历史细节，加之作家独具的才情文笔，使得《中国新文学大系》或者准确地说是《中国新文学大系》所呈现的"新文学"显得尤为丰富、真实、亲切。

---

① 郁达夫：《中国新文学大系·散文二集·导言》，《中国新文学大系导言集》，中国香港：香港文学研究社，1968年，第213—217页。
② 茅盾：《中国新文学大系·小说一集·导言》，《中国新文学大系导言集》，中国香港：香港文学研究社，1968年，第106页。

四、开端与终结

弗雷德里克·詹姆逊说过："我们只能了解以本文形式或叙事模式体现出来的历史，换句话说，我们只能通过预先的本文或叙事建构才能接触历史。"① 换言之，没有变成文本的历史，就不称其为历史。因此，从某种意义上说，《中国新文学大系》的出版才是现代文学（新文学）的历史开端。《中国新文学大系》体现了现代文学的历史创制过程，它通过经典的选择和导言的提领集中地实现了"新文学"的历史化欲望。按照福柯的说法："文学是通过选择、神圣化和制度的合法化的交互作用来发挥功能的。"②《中国新文学大系》的编撰显然将这三点都充分地进行了运用。在这里，现代文学意识，起到了决定性的作用。

就像李杨所指出的那样：

> 与其说这些编选者熟悉"头十年的历史"，不如说他们熟悉的是他们自己观念中的"历史"。作为"新文学"的缔造者，"新文学"的这些理论家和作家都是通过确立"旧文学"这个他者来得以确立自身的主体性的。换言之，他们在"传统"与"现代"的二元对立框架中建构了对"新文学"的本质理解。因此，与其说《大系》是在为新文学留下一些理论和创作的资料，不如说是在以"新文学"的观念建构我们对"现代"以后中国"文学"的理解，是依据"五四新文学"观念写出的"新文学史"。在这个框架中，不可能有被"新文学"视为"他者"的文学种类，如晚清文学、少数民族文学、港台文学、民间文学、通俗文学、旧体文学、市民文学、武侠小说……由此可见，这个看起来像一只透明容器的历史概念"新文学史"实际上依赖着一个社会经济政治的预设，在其"历史"和"文学"的面罩

---

① 张京媛：《新历史主义与文学批评》，北京：北京大学出版社，1993 年，第 19 页。
② 福柯：《权力的眼睛——福柯访谈录》，上海：上海人民出版社，1997 年，第 88—89 页。

下,实际隐含着特殊的界限和排他性。①

魏泉也指出:

> 以五四为发端,新文化运动的主将们又借助传媒与新教育体制的普及,在思想文化界逐渐建立起以白话为基本语言工具的"新文学"话语系统。与此同时,他们还致力于树立"新文学"的传统,建立以"新文学"为正统文学形式的文学史叙述并使之经典化。这一过程至三十年代《中国新文学大系》的出版,基本上宣告完成。伴随着新文学传统的确立,那些在五四运动中被置于新文学对立面的所谓旧文人创作的"旧文学",则经历一个逐渐被逐出主流话语的边缘化过程,最终完全不能进入其后所有建立在新文学坐标上的现代文学史的叙述视野。②

这个被建构的相对统一的"新文学",是十位编选者合作的结晶。就像在真实的新文学史上,他们也曾经是合作者一样。作为新文学的缔造者,他们曾经一起组成文学革命的临时性知识共同体,但在1936年的这个时候,新文学阵营的分化已有十余年,他们的政治立场、文化立场已经大相径庭甚至严重对立,为什么他们还能够联手完成这样一个共同事业呢?李杨认为,其时新的文学史范式尚未确立,以唯物史观清理和重构新文学史还有待时日,因此编选者基本上仍然按照五四时期形成的文学共识来编写《中国新文学大系》,在对"新文学"的理解上还是维持了基本的统一。驱使这些政治观念已经产生分歧的人走到一起的,仍然是那个以"传统"与"现代"的对立为基本框架的,以进化论为基本原则的"进化的""发展的"文学史观。③ 也就是"革命"的阐释框架还没有替代"启蒙"的阐释框架,这是他们能再度合作的学理基础。

在《中国新文学大系》里我们可以看到他们压制分歧力求统一的努

---

① 李杨:《文学史写作中的现代性问题》,太原:山西教育出版社,2006年,第78页。
② 魏泉:《旧文人:现代文学中的另类存在——〈青鹤〉研究》,《大众传媒与现代文学》,北京:新世界出版社,2003年,第158页。
③ 李杨:《文学史写作中的现代性问题》,太原:山西教育出版社,2006年,第78—79页。

力，但是分歧已经有了，就不可能完全消弭。在《中国新文学大系》的编撰中，这种分歧的裂隙就不时可见，充分体现为《中国新文学大系》中的政治意识形态与去政治化意图的复杂纠结。

在《中国新文学大系》的时间分期方面，就有意识的分歧。虽然茅盾提出的时间起讫成为《中国新文学大系》编选史料的基本前提，虽然茅盾以十年这样的自然时间标志掩盖了政治的痕迹，但是周作人仍不满意：

> 要分时期分派别的讲我觉得还无从说起，从民六到现今还没有二十年，何况现在又只以前十年为限呢。我看文艺的段落，并不以主义与党派的盛衰为唯一的依据，只看文人的态度，这是夹杂宗教气的主张载道的呢，还是纯艺术的主张载道呢，以此来决定文学的转变。现在还是混乱时期，这也还难说，因为各自在那里打转身，似乎都很少真是明确态度。我是这样看，也就是这样地编选。我与郁达夫先生分编这两本散文集，我可以说我的是那么不讲历史，不管主义党派，只凭主观偏见而编的。①

有这样的观念，在具体的编选时，他自然就破坏了既定的体例，对徐志摩、刘半农、刘大白、梁遇春四位已故者所选的文章不以民国十五年（1926年）为限，对吴稚晖也选录了作于民国十年（1921年）以后的两篇小文。而在导言的写作中，他大谈言志，正折射了新文学内部政治分歧日渐激烈的现实情况。

这些立场各异的编选者在《中国新文学大系》这个文本中的暂时的再联合，不能改变《中国新文学大系》外依旧分裂甚至加剧分裂的现实。他们这次"准集体写作"所遵循的文学史观也正在被新的文学史观所排挤、所终结，洪深的导言已经预示了这种新的文学史观、新的阐释方式

---

① 周作人：《中国新文学大系·散文一集·导言》，《中国新文学大系导言集》，中国香港：香港文学研究社，1968年，第191页。

的到来。

因此，正像李杨所指出的那样：

> 可以将《大系》理解为五四"历史"——"文学"观念的一次总结，它同时也是一个终结，是日落之前最后的繁华。
>
> 不久以后，会有一批新的权威簇拥着一种新的"历史"——"文学"范式出现。①

---

① 李杨：《文学史写作中的现代性问题》，太原：山西教育出版社，2006年，第79页。

第五章 从"文本"到"行动":现代作家批评中的策略意识

在现代文学时期,批评与论争是非常热闹的客观现象,也是很值得探究的文化现象。我们在观照现代文学批评的时候不仅可以探讨这些批评作为文本的意义,还可以考察这些批评作为一种行动所蕴含的某些意识及其社会效果。

通过很多材料可以看出,新文学作家们积极从事文学理论与批评的工作,并不是一时技痒想展现自己的才华,也不是因为在创作中有了一些体会不吐不快,关键的原因在于为新文学把脉与张目,帮助新文学取得文化领域的优势地位。新文学作家们敏锐地注意到当时的新文学运动面临的危机:

> 第一是出版物太凌乱芜杂;第二是著作家和读书界隔离得太远。因为缺少健全的文学批评,所以创作坛和翻译坛不但不能显出一致的倾向,而且有许多走错了路头……我们总不能坐视着新文学作家重复走到反动的路上去,所以现在出版物的芜杂,实在是可忧的现象。除此以外,现在读书界,对于新的出版物,似乎都太冷漠。著作家和读书社会之间,隔着一重又高又厚的障壁——这障壁就是文艺的鉴赏力的薄弱……著作家和一般民众的隔膜,结果使新文学不能成为平民化,如果新诗和新小说只是供少数人阅读的,那便是新文学运动的破产宣

告了。①

因此，新文学作家们想到了批评的功用：

> 《文学旬刊》特辟《最近的出产》一栏，就是想要纠正这两个缺点。我们在一方面想对于国内的文艺的产物，加一番严密的审查，使粗制滥造的货品，不致充塞于市场；这种任务就是"批评"。……所谓的"批评"本来是含有两重使命的：在一方面是指导著作家，使遵守正当的途程，在一方面是指导读者，使充分了解作品的真价值。②

这种清醒的现代文学意识在 1923 年 6 月 1 日北京《文学旬刊》第 1 期上的《本刊的缘起及主张》中，同样表述得很鲜明：

> 督促文学日有进步的工具，助需要批评的精神。批评不只是对于作品负有解释说明的义务；而且更可以使读者对于作品有补充的见解与明燎的批评，不惟大多的民众，不知甄别文学作品的优劣，而作者亦少有借鉴。更进一步说：在中国新文学这样柔弱的时代，无聊的通俗文学，尚在社会潜传其毒菌，对于文学视等游戏的观念，尚没有除尽，想努力于文学的人，不应只在阅读，只在创作，更须壁垒森严，想去锄划锈草。……我们不敢潜居于批评者的地位；我们也不敢以我们的见地为完全无误，但我们所以要在此灰色围城之中办这个旬刊，却是愿同努力于文学的朋友提携，愿为中国新文学尽些微贡献的力量，这便是本刊的缘起。③

郑振铎在《读者社会的改造》一文中强调改造读者社会是一个十分紧要的问题。在另一篇文章中，他也指出："如果这个社会里一般读者的眼光不变换过，他们这班'卖文为活'的人，是绝对扫除不掉的。即使

---

① 《〈最近的出产〉栏的旨趣和态度》，《时事新报·文学旬刊》第 37 期，1922 年 5 月。
② 《〈最近的出产〉栏的旨趣和态度》，《时事新报·文学旬刊》第 37 期，1922 年 5 月。
③ 《本刊的缘起及主张》，《晨报副刊·文学旬刊》第 1 期，1923 年 6 月 1 日。

他们知道忏悔,竟而改过了,仍旧会有一班后起者来填补他们的缺的。"①

由此可见,新文学作家在新文学运动中,始终保持着清醒的现代文学意识,有着强烈的危机感,对于或显现或潜伏着的各种危机时刻关注——当时的新文坛不仅创作、翻译不尽如人意,而且因为读者文艺鉴赏力薄弱,所以新文学难以真正实现平民化,上述状况如果任由其泛滥,最终会葬送整个新文学运动。能够肩负起化解上述危机使命的只有健全的文学批评,健全的文学批评通过对不良作品的抨击和对纯正作品的分析与肯定,实现规范作者创作、培养读者鉴赏能力的双重功效。对健全的文学批评的重视与培养不仅是新文学建设的重要组成部分,而且关系到整个新文学运动的生死存亡,认清这些前提,他们在批评活动中暗藏的现实功利目的与人为操控性,就是完全可以理解的了。

第一节 "宽容"的新文学批评

一、周作人的"宽容"主张和实践

周作人在现代文学批评史上的贡献之一,是提出了文学批评的"宽容"观。周作人在一系列文章中,如《文艺上的宽容》《文艺的统一》《文艺上的异物》《文艺批评杂话》等,集中阐述了他的这一文学批评理念,可谓是这一理念的首倡者。实际上在周作人那里,"宽容"观并不局限于文艺批评原则,也是周作人的文化理想。刘锋杰先生曾称赞"在中国现代思想史上,除周作人以外,还没有第二个人像他这样充分地讨论过文学的宽容问题"②;"他在这方面的论述,可谓是独步20世纪中国的

---

① 郑振铎:《悲观》,《郑振铎全集》第3卷,石家庄:花山文艺出版社,1998年,第495页。

② 刘锋杰:《中国现代六大批评家》,北京:北京大学出版社,2005年,第75页。

文化界和文学界"①。

周作人说："我知道人类之不齐，思想之不能与不可统一，这是我所以主张宽容的理由。"② 他也指出："中国旧思想的弊病，在于有一个固定的中心，所以文化不能自由的发展。"③ 因此，他主张："君师的统一思想，定于一尊，固然应该反对；民众的统一思想，定于一尊，也是应该反对的。在不背于营求全而善美的生活之道德的范围内，思想与行动不妨各各自由与分离。"④ "尼采与托尔斯泰，社会主义与善种学，都是必要的。"⑤

在《黑背心》一文中，周作人批评了中国社会的专制进而强调中国社会需要思想文化上的"宽容"：

> 我觉得中国现在最切要的是宽容思想之养成。此刻现在决不是文明世界，实在还是二百年前黑暗时代，所不同者以前说不得甲而现今说不得乙，以前是皇帝而现今则群众为主，其武断专制却无所异。我相信西洋近代文明之精神只是宽容，我们想脱离野蛮也非从这里着力不可，着力之一法便是参考思想争斗史，从那里看出迫害之愚与其罪恶，反抗之正当，而结果是宽容之必要。⑥

具体到文学上，周作人对于"宽容"的有关论述可归纳为以下几个方面：

第一，宽容是文艺发达的必要条件。在《文艺上的宽容》一文中周

---

① 刘锋杰：《中国现代六大批评家》，北京：北京大学出版社，2005年，第69页。
② 周作人：《谈虎集·后记》，北京：北京十月文艺出版社，2011年，第432页。
③ 周作人：《圣书与中国文学》，《艺术与生活》，石家庄：河北教育出版社，2001年，第44页。
④ 周作人：《诗的效用》，《自己的园地·雨天的书·译诗集》，长沙：岳麓书社，1987年，第20页。
⑤ 周作人：《新希腊与中国》，《谈虎集》，北京：北京十月文艺出版社，2011年，第344页。
⑥ 周作人：《黑背心》，《自己的园地·雨天的书·译诗集》，长沙：岳麓书社，1987年，第74页。

第五章 从"文本"到"行动":现代作家批评中的策略意识

作人主张:"因为文艺的生命是自由不是平等,是分离不是合并,所以宽容是文艺发达的必要条件。"① 在《文艺的统一》中又一次重申:"文艺的生命是自由而非平等,是分离而非合并。一切主张倘若与这相背,无论凭了什么神圣的名字,其结果便是破坏文艺的生命,造成呆板虚假的作品,即为本主张颓废的始基。"②

第二,文艺没有固定的模式,文艺不应统一。"我不相信某一时代的某一倾向可以做文艺上永久的模范。"③ "表示生命之颤动的文学,当然没有不变的科律;历代的文艺在他自己的时代都是一代的成就,在全体上只是一个过程。要问文艺什么程度是大成了,那犹如问文化怎样是极顶一样,都是不能回答的事,因为进化是没有止境的。许多人错把全体的一过程认做永久的完成,所以才有那些无聊的争执。"④

第三,批评者对于相异主张和新兴流派要有宽容而理解的态度。"各人在文艺上不妨各有他的一种主张,但是同时不可不有宽阔的心胸与理解的精神去鉴赏一切的作品。"⑤ "聪明的批评家自己不妨属于已成势力的一分子,但同时应有对于新兴潮流的理解与承认。他的批评是印象的鉴赏,不是法理的判决,是诗人的而非学者的批评。"⑥

"所谓宽容乃是说已成势力对于新兴流派的态度,正如壮年人的听任青年的活动:其重要的根据,在于活动变化是生命的本质,无论流派怎么不同,但其发展个性注重创造,同是人生的文学的方向,现象上或是

---

① 周作人:《文艺上的宽容》,《自己的园地·雨天的书·译诗集》,长沙:岳麓书社,1987年,第9页。
② 周作人:《文艺的统一》,《自己的园地·雨天的书·译诗集》,长沙:岳麓书社,1987年,第26页。
③ 周作人:《贵族的与平民的》,《自己的园地·雨天的书·译诗集》,长沙:岳麓书社,1987年,第16页。
④ 周作人:《文艺上的宽容》,《自己的园地·雨天的书·译诗集》,长沙:岳麓书社,1987年,第9页。
⑤ 周作人:《文艺上的宽容》,《自己的园地·雨天的书·译诗集》,长沙:岳麓书社,1987年,第30页。
⑥ 周作人:《文艺上的宽容》,《自己的园地·雨天的书·译诗集》,长沙:岳麓书社,1987年,第9页。

反抗，在全体上实是继续，所以应该宽容，听其自由发育。"①

第四，区分宽容与忍受的实质不同。"宽容决不是忍受。不滥用权威去阻遏他人的自由发展是宽容，任凭权威来阻遏自己的自由发展而不反抗是忍受。正当的规则是，当自己求自由发展时对于迫压的势力，不应取忍受的态度；当自己成了已成势力之后，对于他人的自由发展，不可不取宽容的态度。"②

"宽容"的精神在周作人其他一些并不直接谈"宽容"的文章中也常有隐含。比如在《贵族的与平民的》一文中，他认为文艺思想不仅要有"平民的精神"，还要有"贵族的精神"。这篇文章表面上看起来不是直接谈"宽容"，但文中"贵族"与"平民"并举，意味着允许多种文学精神共存而非互相否定，实际上本身就体现出一种"宽容"的精神。

周作人本人在对新文学的批评实践中也言行一致地贯彻了宽容的原则。

郁达夫的《沉沦》发表后，封建文人污蔑为"诲淫"，甚至连一些新文学批评家也指斥其"不道德"，周作人第一个及时出来为之辩护，分析了郁达夫小说描写性苦闷的文化意义，指出《沉沦》只是"非意识的不端方的"而"并无不道德的性质"，它仍然是"一件艺术的作品"，是"受戒者的文学"，虽然对于一般的读者不太适合，但"在已经受过人生的密戒，有他的光与影的性的生活的人，自能从这些书里得到希有的力"。③ 因此，绝不应该以笼统的道德名义加以抹杀。

汪静之诗集《蕙的风》的出版引起了社会上保守人士的"大惊小怪"和指责，"以为革命也不能革到这个地步"时，周作人站出来反对拿道德的大帽子来压人，从"现代性爱思想"和"人情迸发"等角度肯定了

---

① 周作人：《文艺上的宽容》，《自己的园地·雨天的书·译诗集》，长沙：岳麓书社，1987年，第10页。
② 周作人：《文艺上的宽容》，《自己的园地·雨天的书·译诗集》，长沙：岳麓书社，1987年，第9页。
③ 周作人：《沉沦》，《自己的园地·雨天的书·译诗集》，长沙：岳麓书社，1987年，第6页。

《蕙的风》没有"不道德的嫌疑",而是代表"诗坛解放的一种呼声"。周作人还从艺术角度肯定"在他那缠绵婉转的情诗里却仅有许多佳句",并且用很优美的文字来形容这些佳句的美感:"我对于这些诗的印象,仿佛是散在太空里的宇宙之爱的霞彩,被静之用了捉蝴蝶的网兜住了多少,在放射微细的电光。"① 从伦理主题到艺术形式,周作人给予了全方位的辩护。

周作人的"宽容"说并不只是创造了一个批评术语,提出了一个理论主张,还在客观上对新文学的实际发展起到了极大的保护和促进作用,具有明确的实践目的指向。"宽容"主张的提出,对于新文学内部而言,无疑有助于新文学创作以及新文学批评的多元展开。周作人为《沉沦》《蕙的风》辩护,肯定它们的艺术性,也就是在肯定和维护新文学。

二、其他作家的"宽容"批评

周作人的"宽容"的批评在客观上保护了新人新作,对新文学队伍建设和新文学创作的发展是有利的。其他作家在面对新文学时,也不约而同地体现出了宽容的态度。周作人提出的"宽容"实际上也是新文学作家们普遍遵守的原则,或者我们可以说,只是周作人把这种大家都在贯彻的基本准则明确地以理论的方式提了出来。

胡适对年轻人的写作的扶持就十分积极。胡适是发现汪静之的伯乐,汪静之在20岁左右的时候就开始创作新诗,他在胡适的大力帮助下于《新潮》与《新青年》等刊物上发表诗歌。胡适还在经济上多次资助汪静之。胡适亲自审阅删改汪静之的爱情诗集《蕙的风》并为其作序,《蕙的风》能在亚东图书馆出版也靠了胡适的介绍推荐。《蕙的风》是汪静之写给他的四位女友的情诗,诗集中对情爱的直接大胆的抒写,在当时是很多封建守旧的卫道士们无法接受的,引发了很大的风波。早有预料的胡

---

① 周作人:《情诗》,《自己的园地·雨天的书·译诗集》,长沙:岳麓书社,1987年,第54页。

适在序言中明确希望人们不要"戴上了旧眼镜来看新诗","不要让脑中的成见埋没了这本小册子",并呼吁社会给这些少年诗人们"一个自由尝试的权利"。① 从胡适将自己的白话诗集取名《尝试集》开始,他一直提倡的就是一种尝试的态度,对勇于"尝试"的新文学作者,胡适也希望读者和社会能采取容忍的态度。

鲁迅十分痛恨恶意的批评,主张对新兴的作家和作品给予包容保护,他指出:"恶意的批评家在嫩苗的地上马,那当然是十分快意的事;然而遭殃的是嫩苗——平常的苗和天才的苗。幼稚对于老成,有如孩子对于老人,决没有什么耻辱;作品也一样,起初幼稚,不算耻辱的。因为倘不遭了戕贼,他就会生长,成熟,老成;独有老衰和腐败,倒是无药可救的事!"② 言行一致,他自己以"只要能培一朵花,就不妨做做会朽的腐草"③ 的博大胸怀和高尚人格,在中国现代文学史上树立了一个值得人们永远怀念的文学保护者形象。修改、作序、推介、扶植,鲁迅不遗余力地培养了一大批文学青年,很多人成为日后中国新文学的生力军。汪静之不过是一个中学生,然而鲁迅亲自为其修改《蕙的风》的诗稿,当诗集出版后遭到胡梦华等假道学们的指责时,鲁迅写了《反对"含泪"的批评家》给予坚决反击;叶永蓁是一个并无多大名气的作家,鲁迅不仅为其长篇小说《小小十年》写下序言——《叶永蓁作〈小小十年〉小引》,当小说《小小十年》受到一些貌似彻底的革命者其实是极不革命或有害革命的论客的非难时,鲁迅还写下《非革命的急进革命论者》对这些别有用心的批评进行了揭露与驳斥;萧军初登文坛,在上海受到鲁迅的大力资助,当他出版《八月的乡村》时,鲁迅也为其作序并高度评价,当小说遭到狄克等人的攻击时,鲁迅写了《三月的租界》予以有力的

---

① 胡适:《蕙的风·胡序》,汪静之《蕙的风》,上海:上海亚东图书馆出版社,1929年,第14页。
② 鲁迅:《未有天才之前》,《鲁迅全集》第1卷,北京:人民出版社,2005年,第176页。
③ 鲁迅:《近代世界短篇小说集小引》,《鲁迅全集》第4卷,北京:人民文学出版社,2005年,第134页。

反驳。

和鲁迅一样,李健吾关注的批评对象,除巴金和沈从文之外,其他如废名、曹禺、卞之琳、林徽因、萧乾、蹇先艾等"都是不被社会文艺界人们所注意的"青年作家,但这些人后来也都成为新文学史上的著名作家。由此可以看出李健吾对文坛新人的宽容、不抱偏见和独具慧眼。

另外,还有文研会对冰心的包装,郑振铎对庐隐、许地山、徐玉诺、王任叔、顾仲起、赵景深、靳以甚至文研会群体之外的郁达夫等人的发掘与培养,叶圣陶对汪静之、潘漠华、冯雪峰、冯文炳、赵景深、刘梦苇、丁玲、巴金、戴望舒、沈从文、朱自清、冰心、茅盾等作家的扶持与重视,这些"宽容"的批评使得新文学阵营得到充实,新文学的成绩也更加优异。五四新文学的繁盛,新作家的层出不穷,离不开周作人、胡适、鲁迅等前辈作家们所极力提倡和身体力行的"宽容"批评。

第二节 "不容他人之匡正"的文学论争

激进主义是五四新文化运动的主导性力量,这一点学界早已公认,新文化运动与文学革命的参与者们也并不忌讳。胡适、钱玄同、陈独秀、鲁迅都有过似乎很偏激的论调。陈独秀曾宣言:"鄙意容纳异议,自由讨论,固为学术发达之原则,独至改良中国文学当以白话为正宗之说,其是非甚明,必不容反对者有讨论之余地;必以吾辈所主张者为绝对之是,而不容他人之匡正也。"[①] 这些论调表面上看起来很武断霸道,非此即彼的极端化思维与"宽容"似乎不符,在当时的一些论战和后世的一些反思中也常常受到指责。其实回到当时的历史情境,理解了新文学面对的固有文化的巨大阻力,就能理解这些所谓偏激其实不过是一种策略性的夸张表达。新文学家们在阐述某些观念时,往往讲得极为绝对,是所谓

---

① 姜义华:《胡适学术文集·新文学运动》,北京:中华书局,1993年,第152页。

矫枉必须过正也,其实当时他们这样做都是有针对性的,就像有的研究者指出的那样,他们最多是在表明一种态度,或者是提供一种方法。①

譬如鲁迅就很深刻地指出:"中国人的性情是总喜欢调和,折中的。譬如你说,这屋子太暗,须在这里开一个窗,大家一定不允许的。但如果你主张拆掉屋顶,他们就会来调和,愿意开窗了。没有更激烈的主张,他们总连平和的改革也不肯行。那时白话文之得以通行,就因为有废掉中国字而用罗马字母的议论的缘故。"②

同样的情况在周作人那里也有,周作人提倡"宽容的批评",但值得注意的是,他对那些反对新文学的观点和非新文学阵营的文学却一点也不宽容。他在《人的文学》中说:"宣传我们的主张,也认定我们的时代,不能与相反的意见通融让步,唯有排斥的一条办法。"③ 就在主张"宽容"的《文艺上的宽容》中,他也说:"若是为'文言'或拟古(无论是拟古典或拟传奇派)的人们,既然不是新兴的更进一步的流派,当然不在宽容之列。"④ 又比如他在《再论"黑幕"》中断然认定"黑幕不是小说,在新文学上并无位置,无可改良,也不必改良",毫无宽容之意。⑤ 显然,他所说的"宽容"只是针对"新文学"的,并不适用于旧文学和旧势力。周作人的宽容批评也好,不宽容的态度也好,都旨在为新文学辩护和营造宽松的生长环境,具有明显的选择性和策略性。周作人自己就明确地说过:"老实说,在中国现在文艺界上宽容旧派还不成为问题,倒是新派势力究竟是否成为势力,应否忍受旧派的压迫,却是未

---

① 金鹏善:《富有"创造的思想力"的文学观》,《阴山学刊》2007 年第 6 期。
② 鲁迅:《三闲集·无声的中国》,《鲁迅全集》第 4 卷,北京:人民文学出版社,1981 年,第 13—14 页。
③ 周作人:《人的文学》,杨扬编《周作人批评文集》,珠海:珠海出版社,1998 年,第 36 页。
④ 周作人:《文艺上的宽容》,《自己的园地·雨天的书·译诗集》,长沙:岳麓书社,1987 年,第 10 页。
⑤ 周作人:《再论黑幕》,杨扬编《周作人批评文集》,珠海:珠海出版社,1998 年,第 141 页。

可疏忽的一个问题。"① 这就透露出周作人提倡"宽容"的批评原则时，出发点未始没有为了给新文学争取有利的生存空间这一更为深层隐蔽的策略目的。

当胡适、周作人等人根据进化论的精神抽象地树立起新文学的合法性形象之后，新文学就面临着现实的建设重任。面对旧文学的攻击与竞争，新文学一方面需要用创作实绩"拿出货色"来证明自己，另一方面也需要从理论批评角度阐发自己不同于、不逊于乃至高于旧文学的地方。在理论批评方面，新文学作家采取了"两条腿走路"的办法，一是自我阐释，二是论争。自我阐释主要体现在作家文论与批评，尤其是对同属新文学阵营的作家作品的评论。而论争大致是两个方向，一是新文学内部方向的争论，二是对非新文学阵营的论战。现代文学作家们通过论争来表明新文学的观点立场，争取和维护新文学的主导地位，这也是现代文学意识的一种特殊表现。新文学作为一种新的文学，既需要"立"也需要"破"，破旧才能立新，对新的彰显需要对旧的批判才能更加鲜明。对于新文学而言，要想争夺文坛话语领导权，建立新文学规范，不仅需要新文学内部的主流方向之争（如文学研究会与创造社的论争），更需要旧文学做对比，在这种对比中凸显新文学的自我形象，这对于真正扩大新文学的影响，立稳脚跟并且真正击败旧文学，至为关键。因此，在旧文学中选取最适宜的论争对手，选取最适宜的论争角度，并且以最充分的技术支持（期刊的版面支持、栏目设计、发表阵地的保证等）展开论争，就显得更为重要。

事实上，论争贯穿了中国现代文学史的始终，我们甚至可以说一部中国现代文学史就是一部文学论争史。在这篇幅有限的一节里，要想全面梳理所有的现代文学论争是不现实的，因此在这里只选取新文学作家与鸳鸯蝴蝶派、学衡派的两场论争，作为管中窥豹的典型例子，来考察

---

① 周作人：《文艺上的宽容》，《自己的园地·雨天的书·译诗集》，长沙：岳麓书社，1987年，第10页。

现代文学意识是怎样影响、支配现代文学史发展面貌的。

一、与鸳鸯蝴蝶派的论争

"鸳鸯蝴蝶派作为完全本土化的、基本上以传统白话小说创作规范为依奉的文学流派,更适合充当文学研究会、《小说月报》'现代性'诞生的有效铺垫。"①

鸳鸯蝴蝶派起源于清末民初,在五四运动前后达到高峰,创作以小说为主,分为社会、黑幕、娼门、哀情、言情、家庭、武侠、军事、侦探、滑稽、历史、宫闱、民间、反案等数十个种类。它推崇消费文学观念,将文学当作一种可有可无的消闲品。

显然,这些主要题材和基本特点,都与当时以文研会为首的新文学作家倡导的文学为人生、关怀社会的要求相去甚远。在后者看来,前者以满足市民趣味为宗旨,重在文学消费功能,只是复制庸碌的市民,而不能创造具有现代意识的公民,这是将文学社会功能设定为启蒙大众的积极效应的新文学作家所无法容忍的。更重要的是,这样一种消闲庸俗、无益于社会人生的文学流派竟然拥有极为庞大的读者群体,有着极其深远的社会影响。连茅盾也不得不承认鸳鸯蝴蝶派"在当时的小市民阶层中有相当影响"②。这就让立志于新文学建设、梦想实现对国民的文化思想启蒙的作家们如鲠在喉,不吐不快。因此,二者的冲突是在所难免的。

也许让新文学的提倡者们更难以容忍的是,五四运动前后20年间正是以鸳鸯蝴蝶派为代表的旧式通俗文学的全盛时期。一是刊物众多,仅据郑逸梅在《民国旧派文艺期刊丛话》中的不完全统计,鸳鸯蝴蝶派有杂志113种,大报副刊4种,小报45种。后经研究者查明,除此之外,还有杂志30种,大报副刊8种,小报139种。③二是作品数量众多,这么多的刊物,登载的作品数量自然也非常可观。三是作家众多,而且广

---

① 董丽敏:《现代性建构被忽视的途径》,《上海大学学报》2003年第10卷第2期。
② 茅盾:《我走过的道路》(上),北京:人民文学出版社,1997年,第174页。
③ 魏绍昌编:《鸳鸯蝴蝶派研究资料》,上海:上海文艺出版社,1984年,第525页。

受社会欢迎，主要代表作家有徐振亚、苏曼殊、陈蝶仙、包天笑、李涵秋、朱鸳雏、程小青、张恨水等。以写侦探小说《霍桑探案》而蜚声文坛的程小青接到的读者们的函件堆积"盈尺"；张恨水的长篇小说《金粉世家》发表后，有文化的家庭妇女都很爱读，那些阅读能力差的、目力不及的老太太则天天让人念给她听。① 尽管《呐喊》《女神》《沉沦》等新文学中的重要作品也都曾在新式读者中引起广泛的反响，但新式读者的数量在鸳鸯蝴蝶派的广大受众面前还是相形见绌，新文学作家们显然会有一种被碾压的挫折感。

新文学倡立之初，新文学阵营曾对鸳鸯蝴蝶派做过抨击批判，鸳鸯蝴蝶派也一度有所收敛。但是到了1921年，鸳鸯蝴蝶派又泛滥起来，"香艳体的小说杂志《礼拜六》，居然以充分的原来面目，大呼'复古'，而出现在现在的上海文学界中，黑幕小说在一二年前已经缩头不出的，现在也大肆活动，居然有复活之状态"②。

这引起了新文学作家对新文学强烈的危机感和对旧文学强烈的打击欲。

> 如果这个社会里一般读者的眼光不变换过，他们这班"卖文为活"的人，是绝对扫除不掉的。即使他们知道忏悔，竟而改过了，仍旧会有一班后起者来填补他们的缺的。③

> 我们要想改造中国的旧文学，要想建设中国的新文学，却不能不把这两种传统的文学观尽力的廓清，尽力的打破，同时即去建设我们的新文学观，就是：
>
> 文学是人生的自然的呼声。人类情绪的流泄于文字中的，

---

① 张友鸾：《章回小说大家张恨水》，《张恨水研究资料》，天津：天津人民出版社，1986年，第132页。
② 西谛：《复活》，《文学旬刊》1921年5月20日第2号。
③ 郑振铎：《悲观》，《郑振铎全集》第3卷，石家庄：花山文艺出版社，1998年，第495页。

不是以传道为目的,更不是以娱乐为目的,而是以真挚的情感来引起读者的同情的。①

郑振铎的连续发文体现了他急切的心情,而在他与黄厚生的论战中,更是毫不妥协、包容、折中。

黄厚生发文《调和新旧文学谈》提出:"一般非议新文学,自命为保存国粹者和积极进行新文学的人都是想不亏国体,不失国魂,不过方法有些不同,实质上还是异道同归。"

黄厚生的观点立刻遭到郑振铎的反驳:"无论什么东西,如果极端相反的就没有调和的余地。……上海滑头文人所出的什么《消闲钟》《礼拜六》,根本上就不知道什么是文学,又有什么可调和的呢?除非新的人或旧的人舍弃了他们的主张,然后方可以互相牵合。"②

黄厚生又在《调和新旧文学进一解》中再一次提出新文学固然要猛烈攻击"旧文人的作品",但也要"指点指点他们,教他们向光明正大的路上走去"。

这个提议再遭郑振铎断然否决:"调和"两字,"究竟是极端的不对的。如果有两碗水,一碗是蓝的,一碗是红的……调和之后,就变成紫色的了。我们愿意使现在的文学成紫色么?我们愿意有非驴非马的调和派的紫色文学出现么?""帮助现在的旧文学家而使之新文化,如果能办到的话,固然是再好不过的事。但恐怕事实上不能吧。在现在这样黑暗的世界,这样黑暗的中国,他们也不起一点儿反感,不起一点儿厌恶的观念与怜悯的心肠,反而傅虎以翼,见火投薪,日以靡靡之音,花月之词,消磨青年的意气。……他们的心已经死了,怎么还可以救药呢?""我们所能做的只是一方面极力攻击,免得后来的纯洁的人也玷污泥;一方面灌输文学知识,愿良心未尽死,热血未尽冷的人见了,知道文学的

---

① 郑振铎:《新文学观的建设》,《郑振铎全集》第3卷,石家庄:花山文艺出版社,1998年,第436页。
② 郑振铎:《新文学观的建设》,《郑振铎全集》第3卷,石家庄:花山文艺出版社,1998年,第488页。

真义，能立刻弃旧污而就新途。"①

在我们今天看来，黄厚生在《调和新旧文学谈》等文章中认为新旧文学是可以调和的论断比当时郑振铎等人的观点也许更为合理，但在当时，新文学作家们则不能不采取坚决否定的态度。

茅盾在长篇论文《自然主义与中国现代小说》中抨击鸳鸯蝴蝶派的创作是"记账式的报告"，不懂描写，更不懂客观观察，"作者自己既没有确定的人生观，又没有观察人生的一副深炯眼光和冷静头脑"，"简直是中了'拜金主义'的毒，是真艺术的仇敌"，并归结鸳鸯蝴蝶派"思想上的一个最大的错误，就是游戏的消遣的金钱主义的文学观念"。② 他从思想和技术两方面全然否定了鸳鸯蝴蝶派小说的存在价值。

茅盾在这篇文章中除了否定鸳鸯蝴蝶派，还从正面鼓吹了"自然主义"（现实主义）。可以说，"通过与鸳蝴派的论争，'自然主义'由于有现实需要作为有力支撑，不仅在文学研究会内部取得了主流地位，完成了文学研究会思想观念的一次整合，使文学研究会表示自己现代立场的最显著印记最终能够浮现出来；而且，从整个社会来看，它也藉论争之力，借助鸳蝴派已有的市场影响，完成了文学研究会'现代'面目的一次成功的塑造和传播"。"所有的一切都指向文学研究会对自身存在的现实意义的命名与阐释，指向了自身现实影响的传播与扩展，尤其是鸳蝴派是如此适合不过的对手——只有羸弱的理论根基，为数不多的论争文章与确定无疑的文学商品化立场。"③ 我们把这几句话里的"文学研究会"替换成"新文学"也是完全成立的。从这里面，我们可以十分清楚地看出新文学开展论争时的策略选择性和目的功利性。

在批判鸳鸯蝴蝶派这一问题上，原本意气相争的文研会和创造社结成了同盟。郭沫若在《文学旬刊》第 6 号发表《致郑西谛先生信》，表

---

① 郑振铎：《新旧文学果可调和么？》，《郑振铎全集》第 3 卷，石家庄：花山文艺出版社，1998 年，第 490 页。
② 茅盾：《自然主义与中国现代小说》，《小说月报》第 13 卷第 7 期，1922 年 7 月 10 日。
③ 董丽敏：《现代性建构被忽视的途径》，《上海大学学报》2003 年第 2 期。

示：“先生攻击《礼拜六》那一类的文丐是我愿尽力声援的……不久我也要助战了。"成仿吾也在《创造季刊》第 1 卷第 3 期的《编辑余谈》中说："对于我们前面的妖魔，也应当援助同志们，不惜白兵的猛击。"他还指出，《礼拜六》《晶报》一类的东西是"赞美恶浊社会"，是"鼓吹骄奢淫逸"，是"阻碍社会进步与改造"，是"把人类往地狱中诱惑"，是"思想界与文学界的奇耻"，是"卑鄙寄生虫拿来骗钱的龌龊的杂志"。他们是"应恶浊的社会之要求产生的，然而他们已经积成应运以上的流毒了，他们的罪恶，可比天上的繁星"。因此，他发出号召："朋友们！请来同我们更往前方追击。把他们的战线，一条条的夺了，把他们由地球上扫除了罢！"

此外，非文研会的鲁迅、巴金也加入助阵。

这些状况都说明，在面对新文学的外部对立面的时候，新文学作家们毫不犹豫地形成了统一战线，虽然他们的文学观念、立场各不相同，但鲜明的现代文学共同体意识由此可见。

二、与学衡派的论争

学衡派是 20 年代初至 30 年代初以《学衡》为中心在思想文化界形成的一个文化保守主义学派，该学派主要是一个学术流派（团体）而不是文学流派（团体），主要是进行学术研究而不是进行文学创作。学衡派的核心人物主要有吴宓、梅光迪、胡先骕、刘伯明、柳诒徵等，该学派因他们在 1922 年 1 月创刊的《学衡》而得名。学衡派的主要成员大多留学美国，受到欧美文化思潮的熏陶，主要信奉新人文主义。学衡派的主张是"论究学术，阐求真理，昌明国粹，融化新知。以中正之眼光，行批评之职事。无偏无党，不激不随"[①]。在这种"中正""不激不随"的理念之下，他们对于新文化运动的激进主义持批判立场，比如对白话文

[①] 《学衡杂志简章》，孙尚扬、郭兰芳编，《国故新知论——学衡派文化论著辑要》，北京：中国广播电视出版社，1995 年，第 494 页。

运动、白话新诗、"平民文学"、文学进化论都表示了否定和反对。

其实，学衡派算不得是典型的封建守旧势力，相反，他们的成员大多留学美国，新学素养并不比新文学作家们差，他们并没有反对新文化，更没有反对吸收外国文化，他们也在思考和探索变革时期中国文化和中国文学的前进方向和发展道路，他们与新文化派的区别在于其文化保守主义基本立场，导致新文化与外国文化的理解和侧重不同，文化观念和方法论上有差异。我们今天以远离新文学现场的平和心态来审视，可以把学衡派当作主流新文化派的有益的制衡与补充，但在新文学立足未稳的初期，更在文化新旧更替、"启蒙"和"救亡"成为国家民族生死存亡当务之急的历史背景之下，学衡派"无偏无党，不激不随"的文化保守主义是不可能承担完成社会革命、文学革命的重任的。况且，学衡派也没有做到真正意义上的"无偏"，他们其实也是把自己信奉的一种文化观念和文化理想当成是文化的全部或者精华，实际与它所追求的"客观""公正"也是自相矛盾的。

当时的新文学尚处于稚嫩阶段。一方面，守旧一方的势力还很大，给了新文学很大的压力，新文学阵营必须时时警惕、高度戒备，随时应对来自各方的反对声音；另一方面，新文化阵营也没有真正立稳脚跟，广大普通读者对新文学仍然感觉隔膜，而对旧文化则在审美趣味、阅读习惯等方面更易接受，如果新文学不能压制保守的旧文化，就很难争取到广泛的读者。当时的文研会非常清楚新文学的道路还十分艰巨，在这样的意识支配下，当时身属文化激进主义的文研会不可能对学衡派的主张持有包容理解的态度。

文研会多次强调学衡派的危害性在于对广大普通读者的强烈迷惑性，阻碍着普通读者正当的文艺欣赏力的形成，因为"群众的正当的文艺欣赏力，至少要迟十年始得养成"[①]。而读者对于中国新文学的发展起着至

---

① 茅盾：《文艺界的反动运动》，《茅盾文艺杂论集》，上海：上海文艺出版社，1981年，第169页。

关重要的作用,"文艺的发达,一要有作者,二要有读者;中国目下果然缺乏作者,而尤缺乏读者。中国的作者界就是读者界"①。对于当时新文学曲高和寡的状况,文研会也是承认的:"'只不过他们自己做这些东西的,买几本看看',这句虽是反动派讥笑的话,但是颇有几分近乎实情。"② 因此,文研会对于以学衡派为代表的保守派产生的负面影响,尤为深恶痛绝。这也从另一个角度说明了文研会为何要对学衡派展开论战,甚至始终坚持激进到不无偏激的态度。因为"中国今日一般民众,毫无文艺的鉴赏力,所以新文学尚没有广大的读者界;要养成一般群众的正则的欣赏力,本来不是一朝一夕所可成功,或者要比产生一个大作家还困难。而况还有反动派作退后的运动呢?"③ 一语道破天机,对读者的争夺始终是新旧文学之争的关键,文研会充分认识到了读者对于新文学发展的重要意义,对当时新文学观念尚未完全深入读者的现状也有清醒的认知,并且明确意识到读者正规的(即符合新文学发展期待视野的)文艺鉴赏力的形成需要一定的过程,因此,对读者的培养与争夺,就是决定新文学发展命运的重中之重。而学衡派的观念既然对影响如此重要的读者群体有着如此鲜明的负面诱导,"这等曾经的反动派……能阻碍一般群众的正则的文艺欣赏力之养成;在这一点上,他们所做的罪恶,实在不小"④,那么,功利色彩极强的新文学阵营对他们根本不可能采取宽容的态度,更加不可能心平气和地去逐一认识并接纳其理论观念的合理之处。因此,激烈甚至不无偏激的批判就是在所难免的。

由于文研会始终认为学衡派的观点会导致守旧派的卷土重来,所以

---

① 茅盾:《文艺界的反动运动》,《茅盾文艺杂论集》,上海:上海文艺出版社,1981年,第169页。
② 茅盾:《文艺界的反动运动》,《茅盾文艺杂论集》,上海:上海文艺出版社,1981年,第169页。
③ 茅盾:《文艺界的反动运动》,《茅盾文艺杂论集》,上海:上海文艺出版社,1981年,第169页。
④ 茅盾:《文艺界的反动运动》,《茅盾文艺杂论集》,上海:上海文艺出版社,1981年,第169页。

必须极力批判其立场与观点,不能给它留任何喘息的余地,必须极力凸显其保守的一面,以此为镜,张扬自身激进的立场与观点,扩大影响。与鸳鸯蝴蝶派明确的本土旧文学立场不同,学衡派虽然也是保守主义,却有着西方文化的外衣,具有更大的迷惑性,所以必须对其予以揭露与批驳,才能确保新文学的发展与稳固。

想不到复古的陈人现在还有如此之多,而青年之绝无宗旨,时新时旧,尤足令人浩叹。圣陶、雁冰同我几个人正想在《文学旬刊》上大骂他们一顿,以代表东南文明之大学,而思想如此陈旧,不可不大呼以促其反省也。写至此,觉得国内尚遥地皆敌,新文学之前途绝难乐观,不可不加倍奋斗也。①

如今《学衡》初出,若不乘此稍稍辩论,又恐"扶得东来西又倒"的青年先入了这些话;所以赶紧订正他们,又很重要。②

他们标榜"国粹",攻击白话文和新文化运动,却又镀上一层西洋的金装,说什么"凡夙昔尊崇孔孟之道者,必肆力于柏拉图、亚里士多德之哲理……凡西洋之名贤杰作者,则日见国粹之可爱",其实他们对西欧文化是一窍不通。③

反动运动,现在已经到了最高潮,正像政治上的反动已经到了最高潮一样;我们不肯在时间上开倒车的人应该怎样呢?等他们自己被时代潮流所淘汰么?还是我们要用几分力,推进时代的轮机呢?我们应该立起一道联合战线,反抗这方来的反

---

① 郑振铎:《1921年11月3日郑振铎致周作人信》,《中国现代文艺资料丛刊》第5辑,上海:上海文艺出版社,1980年,第353页。
② 茅盾:《1922年2月9日茅盾致周作人信》,孙中田、周明编《茅盾书信集》,北京:文化艺术出版社,1988年,第33页。
③ 茅盾:《我走过的道路》(上),北京:人民文学出版社,1997年,第243—244页。

动恶潮！①

这些言辞激烈的话语中其实也并没有太多的学理性的阐释，双方并没有太多深入地研究传统文化和西方文化，更难有心平气和的商榷，倒是让我们看到了很多态度化情绪化的攻击，这背后隐含的某些意图目的，才是论争的更重要意义。

第三节　批评的行动化：策略与边界

从上面两次论争我们可以看出，现代文学期间的很多文学（文化）论争，其实并不一定是为了学理，而是另有动机和目的。这些动机和目的大致有以下几个方面：

第一，通过论争扩大社会影响力。论争乃至论战更容易制造轰动，引起人们的关注，有利于较为迅速地提升自己的社会影响力。《新青年》刚刚发动"文学革命"的时候，就巧妙地运用了论争并尝到了甜头。钱玄同和刘半农的那场著名的"双簧戏"，造起了新文学的声势，扩大了新文学的影响。而后新文学不断发起各种论争，有对内的，也有对外的，始终使自己处在社会舆论场域和现代文学场域的中心。

第二，通过论争来确立文学秩序并获得话语领导权。论争就是进行规则的确立和遵从、话语的主导与认同的活动。"论争重心不局限于对概念本身的阐发，而是尽可能占领概念外延所能达到的最大'势力范围'。文学论争成了争'势力'、争'中心'。"② 新文学通过确立自身话语的权威性，将其他话语排斥或整合进自己的话语系统，确立新的文学规范。

第三，通过论争来确立自我形象，这是一种特殊的自我命名。"新文学"为什么能以"新"命名，"新"到底落实在何处，隐藏在"新"背后

---

① 茅盾：《文艺界的反动运动》，《茅盾文艺杂论集》，上海：上海文艺出版社，1981年，第169页。

② 王本朝：《中国现代文学制度研究》，重庆：西南师范大学出版社，2002年，第70页。

第五章 从"文本"到"行动":现代作家批评中的策略意识

的"现代"如何被清晰指认和命名等问题摆在现代文学作家面前。因此,通过论争而凸显的自我命名行动,实际上是被预设的被期待的结果。无论是对一种新兴文学、一种文学思潮,还是一个社团来说,要想确立自己明确的内涵与本质、宗旨与立场,最有效的办法就是论争。

正因为是出自这些功利性的目的,论争双方往往很少心平气和地就具体的问题作学理性的学术性的探讨商榷,而是给对方定性,并且以"不容他人之匡正"的强硬态度剥夺对方的话语资格,对方的完败是被预期的,也是一定要实现的。

而且在论争的实施过程中有着强烈的人为操控性。论争的发生往往不是自然的过程,而是有着人为设计的痕迹:依据需要来选择论争的对象、论争的时机、论争的措辞,预设论争的结果。为了保证论争的顺利完成,还特别注重对论争的具体实施提供物质上的、体制上的保障。①

比如,与鸳鸯蝴蝶派和学衡派的论战就有明显的策略性。鸳鸯蝴蝶派是典型的旧文学的代表,而学衡派虽然不反对新文化,但在激进的新文学作家群体看来太过保守,其复古思想更是贻害甚广。还有一点,二者在当时都拥有相当的影响力,与他们展开论战,无疑可以获取最佳论争效果。

这种借助具有强烈人为操作性的文学论争确立有利于自身的文学秩序的运作模式对现代文学的影响极为深远,之后无论是"左联"与新月派、民族主义文艺及"自由人"和"第三种人"的论争,还是"暴露与讽刺""与抗战无关论"和"真伪现实主义"等论争,在一定程度上都可以看作借助于文学论争寻求文学发展的秩序和规范,都带有人为设计和操控的烙印。

新文学作家们在这些论战中不仅取得了胜利,更重要的是借助这种形式进一步强化和传播了其所倡导的新文学的价值体系,确立了新文学规范,从而进一步巩固了新文学的权威地位。毋庸置疑,在新文学初创

---

① 李秀萍:《文学研究会与中国现代文学制度》,博士论文,首都师范大学,2006年5月。

时期，采用这种"以鲜明对抗性的参照系，寻求自我生存的立足点"的方式，具有积极意义：不仅成功实现了自我命名，彰显了自身价值，初步建立了自我话语的权威性；而且对文学启蒙主题的强调的确有益于民族觉醒，具有重要社会意义。但其消极的一面也不容忽视：过于强烈的功利性使他们沾染上浓重的政治化倾向，激进的叛逆心态则使他们对待文学传统资源的态度往往流于简单与急躁。

由此看来，对新文学作家来说，他们所开展的文学批评，其意义不仅在于文本内容可以传达思想观念，更在于批评作为一种行动，其本身就是一种姿态、一种意识、一种观念的传播。特别是论争，作为一种扩大文学影响的方式和手段，论争得到了文学界的承认和推广，而论争中的各种策略也被现代文学作家一再运用，并逐渐蔓延开来，传染和渗透进新文学肌体。[①]

周作人在《人的文学》中说："宣传我们的主张，也认定我们的时代，不能与相反的意见通融让步，唯有排斥的一条办法。"[②] 否定性的批评是一种"排斥"，激烈的论争更是一种"排斥"。就像有的研究者指出的那样：五四文学论争并不是为了参与一种共同钻研真理的求知过程，而是将自身已经认定的"真理"尽可能地推广和宣传，在这里"拒斥异见"和"众说争鸣"相互并不矛盾，反而是通过"众说争鸣"来"拒斥异见"。[③]

诚如学者王本朝所指出的：论争重心不在概念的阐发上，而在于尽可能划定概念外延所能达到的最大"势力范围"。文学论争成了争"势力"、争"中心"，争夺确立新文学的规范。"所谓新文学规范，就是文学秩序与制度的建立，文学标准的设定，不容许芜杂的文学的生长，扰乱文学的秩序，它常以宏大、权威话语出现，将个人话语排斥或整合进自

[①] 王本朝：《中国现代文学制度研究》，重庆：西南师范大学出版社，2002年，第67页。

[②] 周作人：《人的文学》，杨扬编《周作人批评文集》，珠海：珠海出版社，1998年，第36页。

[③] 乔雨菲：《五四文学论争新探》，博士论文，山东师范大学，2020年11月。

己的话语。这种对文学规范的诉求,早在新文学之初期就已露端倪,并不断持续、发展下来,成为一项新文学的内在机制,一种文学制度。"①一次次文学论争,最终通向了文学秩序的建立,社会权力被内化于文学,在看似不经意间却建构了稳定的文学机制。

这种排斥机制慢慢将现代文学纯化也窄化了。

在很长一段时间里,主流的现代文学史以文学革命作为现代文学的起点与标志,认定中国文学的现代化或者现代性变革始于五四时期,"新文学"是唯一代表。实际上中国文学的现代性尝试也许更早,王德威认为:"中国作家将文学现代化的努力,未尝较西方为迟。这股跃跃欲试的冲动不始自五四,而发端于晚清。"②

按照王德威的思路,晚清至民初中国文学(观念)已经有了多种现代性(至少可以说是准现代性)的表现形态:

梁启超主张改革旧文体,提倡言文一致的"新文体",可以说是后来白话文运动的先声。后来倡导"三界革命",尤其重视"小说"在"改良群治"方面的作用,重视小说的政治功用,可以说是与政治现代性相呼应的功利主义的文学现代性。王国维吸收康德、席勒、叔本华的思想,强调文学的无功利和审美,重视文学作为"游戏""消遣"的自由精神和独立精神,第一次提出了"纯文学"和文学"自律"的概念,这可以说是一种审美现代性的文学观念。以鸳鸯蝴蝶派为代表的通俗文学,从世俗的享乐角度彰显文学的娱乐休闲功能,具有鲜明的市民性,体现的是一种被王德威称之为"被压抑的现代性"的世俗现代性文学观念。

然而,"新文学"以人的文学、平民文学为自己的精神品格,以写实主义为自己的创作原则,以"为人生"的启蒙为目标,边缘化了浪漫主义文学、现代主义文学以及它们所代表的文学审美纯粹论与自律观,否

---

① 王本朝:《中国现代文学制度研究》,重庆:西南师范大学出版社,2002年,第70—71页。
② [美]王德威:《被压抑的现代性——没有晚清,何来五四》,《想像中国的方法——历史·小说·叙事》,上海:生活·读书·新知三联书店,1998年,第11页。

定了鸳鸯蝴蝶派的游戏消遣文学观，后来又批评"海派"的商业化，到了充满"血与泪"的"感时忧国"的"战斗"的"现实主义"被独尊并被进一步政治化，晚清文学所呈现的多样现代性实验最终只剩下了梁启超开创的功利主义一条线索。所以王德威说"'五四'精英的文学口味其实远较晚清前辈为窄。他们延续了'新小说'的'感时忧国'叙述，却摒除——或压抑——其他已然成形的实验。"[①]，"'五四'其实是晚清以来对中国现代性追求的收煞——极仓促而窄化的收煞，而非开端"[②]。在这个收窄的过程中，文学论争论战起到了主力作用。

新文学阵营批判鸳鸯蝴蝶派、学衡派，表明当时的新文学史家对"新旧"的区分标志有着十分自觉而明确的意识，那些被看成是反映了落后的传统意识的文学，即使在现实中远未销声匿迹，也已经作为异质性的因素被放逐到了文学史的文本之外，而最终进入文学史并占有一席之地的，正是体现了知识分子精英意识的文学；新文学史所构造的，乃是一个时代实验性文学、先锋性文学的形象。[③]

与鸳鸯蝴蝶派的斗争，从文学类型和文学趣味上确定了新文学的严肃性；与学衡派的斗争，则从文化意识和文学精神上树立了新文学的先锋性。这样，新文学通过这样一些外部的"他者"逐步塑造起新文学的"我者"特性，借助论争的排斥性确立了明晰的"新文学"边界。

至于新文学内部的各种论争，最终又是如何容纳了分歧，建构了同一，那就是另一个话题了。

---

① 王德威：《被压抑的现代性——晚清小说新论》，北京：北京大学出版社，2005年，第10页。
② 王德威：《被压抑的现代性——晚清小说新论》，北京：北京大学出版社，2005年，第56页。
③ 唐利群：《同一与歧异：30年代的中国新文学史叙述》，《新疆师范大学学报》（哲社版）2004年第3期。

结语　从"现代"到"当代"

在重写文学史的热潮下,现代文学史研究出现了广泛而复杂的新变化,起码有令人瞩目的两个方面:一是现代文学史的扩容。时间上,近现当分期的打破使文学史上下限得以延伸;内容上,现代文学文类增加,通俗文学、旧体诗词开始进入文学史。二是对于现代文学性质的反思,从新民主主义理论支配下的革命文学史到彰显自由主义文学脉络再到晚近的现代性重估与反思,这些新的学术增长点使得我们对于"现代文学"和"现代文学史"的认识理解一次又一次地调整。

其实文学史的建构不仅要依靠一定的文学史观,也要建立在对于"文学"的理解上。作为"中国现代文学史",首先必须解决的就是其对象问题,即什么是"现代文学"？换言之,在中国现代文学史涵盖的历史时期内,哪些文学是"现代文学"？哪些文学不属于"现代文学"？只有先解决这一问题,才能进而研究现代文学发生发展的趋势规律等"史"的问题。

"重写文学史"的提出意味着对于现代文学史的重新估定,必然牵涉到对于"现代文学"这一概念的重新理解。我们今天所说的"现代文学",自它产生之后的很长一段时期,是被称为"新文学"的。出版于1944年的任纺秋的《中国现代文学史》开始使用"中国现代文学史"这一名称,到新中国成立后这一名称渐渐成为新的共识,取代"新文学"这一说法。但仅是名称的变换,内涵并没有实质变化,直到20世纪80年代以前,中国现代文学史从某种意义上说就是"新文学史",而"中国现代文学"也等同于"新文学"。

但现在，被"新文学"所排斥的通俗文学已经被吸纳进一些新的文学史著，并得到学界普遍的认可。现代时期的旧体诗词，现在也有不少人把它提上了文学史议事日程，虽然还在争议之中，但已有周晓明和王又平两位先生主编的《现代中国文学史》用了一个更具包容性、更带策略性的名词"现代中国文学史"率先给旧体诗词开辟了地盘。这些新的变化迫使我们重新思考"现代文学"与"新文学"的定义与定位。

"新文学"是什么？这个似乎天经地义、习以为常、脱口而出、毋庸置疑的概念在今天似乎面目模糊起来了。其实仔细检视现代文学期间的各种言论，我们会发现"新文学"观念从一开始到今天就不是固定的，"众声喧哗"体现其现代性生成的内在矛盾和紧张，体现自身的多样性和可能性。但它似乎又有一个边界，那么这个边界是什么、在哪里？旧体诗词、通俗文学当初是怎样被排除出"新文学"？"新文学"转换成"现代文学"意味着什么？我们今天让通俗文学、旧体诗词等进入文学史，改变了"现代"的什么东西？

理论的切入是我们熟悉的研究模式，但我们是不是也可以回到那些作家本人身上，他们作为现代文学（新文学）的直接创造者、参与者，他们的所想所为，他们对于文学的发言，是不是更有说服力或者更富有启发性呢？

本书通过现代作家所进行的文学批评剖析他们更深层的现代文学意识，揭示这些现代文学意识在现代文学及其历史的建构中的影响，应该可以给我们一些关于现代文学的新的理解。

现代文学作家们的现代文学意识是从新旧文学对照中开始产生的，并在新旧文化观念、文学思想的斗争中发展强化起来的。这种意识的产生源于西方现代思想观念的影响，也有对于中国传统及其文学的重新体认。在压制旧文学凸显新文学的这一过程中，有一些权宜之计和策略运用是很正常的。

所有的这些批评实践都指向一个目的：新文学（现代文学），一个新的文学传统的建立。

有学者指出，中国现代意义上的知识分子从其产生的第一天起，就不是作为一个具有高度同质性的整体登上近现代中国的社会政治和思想舞台的。① 五四时期纷纷登台亮相的新文学作家也是如此，正因为这些作家并不是作为一个具有高度同质性的整体登上舞台的，所以各自的现代文学意识多元而分裂亦是十分正常的，对于"新文学"的理解多元而分裂也就不难理解。新文学，既是一个同一性概念，又有着内部的分歧。这恰恰就是现代文学富有生机的体现。

这样看来，所谓"新文学"，并非一个不证自明的概念，即使它已经被沿用至今，然而，既然"新文学"（包括后来的"现代文学"）能够成为一个专有名词一直使用，它应该有一个统摄性的基本性质，作为所有具体的新文学的"同一性"或"元语言"。汪晖曾经指出："'五四'启蒙运动是由千差万别、相互矛盾的思想学说构成的，然而作为一个统一的历史运动，它实际上必须找到一种基本的精神力量或情感趋向，从而使得各种纷纭复杂的思想学说获得某种'历史同一性'。一切对启蒙运动的历史叙述，都必须在这种'历史同一性'基础上进行，因为只有这样，才能找到打开个别学说和思想原则之迷宫的通道，才不至于在观念的大杂烩中不知所措。"② 新文学同样可以如此理解。正因如此，寻找新文学的同一性也就成了许多现代文学研究者孜孜以求的一种学术理想。

胡适在总结"这两三年新思潮运动的历史"的《新思潮的意义》③中说："据我个人的观察，新思潮的根本意义只是一种新态度。这种新态度可叫做'评判的态度'。评判的态度，简单说来，只是凡事要重新分别一个好与不好……尼采说现今时代是一个'重新估定一切价值'（Transvaluation of All Values）的时代。'重新估定一切价值'八个字便是评判

---

① 黄平：《有目的之行动与未预期之后果——中国知识分子在50年代的经历探源》，许纪霖编《20世纪中国知识分子史论》，北京：新星出版社，2005年，第407页。
② 汪晖：《预言与危机（上篇）——中国现代历史中的"五四"启蒙运动》，《文学评论》，1989年第3期。
③ 胡适：《新思潮的意义》，《胡适全集》第1卷，合肥：安徽教育出版社，2003年，692页。

的态度的最好解释。"汪晖先生肯定了胡适的这一判断，并据此引申认为五四新文化运动的同一性就是表达那些相互歧异的"观念"的心理冲动，即思想者的"态度"中。把这种情感价值性"态度"作为同一性可以是一种思路。

　　文学革命作为新文化运动的一个部分，符合这一基本结论。文学革命兴起，重新估定古典文学的价值，宣告其"已死"或"半死"；然而革命文学兴起，又重新估定五四文学的价值，宣告其"落伍"与"过时"。陈独秀力呼"必以吾辈所主张者为绝对之是而不容他人之匡正也"①，周作人坚持"我们立论，应抱定'时代'这一个观念，又将批评与主张，分作两事。批评古人的著作，便认定他们的时代，给他一个正直的评价，相应的位置。至于宣传我们的主张，也认定我们的时代，不能与相反的意见通融让步，唯有排斥的一条方法"②，革命文学也正是一样用这等气势横扫前辈作家！

　　然而，新的问题产生，"态度"只是一种情感性的判断，一旦进入学理层面仍然有很多具体的问题有待分析厘清。

　　比如从"文学革命"到"革命文学"，其思维模式、言说理路如出一辙，都服膺于进化论思维下的"重估一切"的现代性态度，那么革命文学是对五四新文学的背离还是继承发展呢？由此进一步就是"新文学"的性质问题了，新文学的性质是资产阶级（思想）领导的自由主义文学，还是无产阶级（思想）领导的新民主主义文学？谁为正道谁为歧途？谁为主流谁为浪花？共为主流还是各为分脉？这些始终无法下定论的疑问，正起因于新文学"态度"同一性背后实质内容的缺失。

　　同样地，我们今天让通俗小说、旧体诗词进入现代文学史，也是一种"重新估定一切"的态度，但这种正确的态度一定就带来正确的结论

---

　　① 胡适：《五十年来中国之文学》，姜义华主编《胡适学术文集·新文学运动》，北京：中华书局，1993年，151页。
　　② 周作人：《人的文学》，杨扬编《周作人批评文集》，珠海：珠海出版社，1998年，第36—37页。

吗？这个重估本身是否也应该被"重新估定"呢？

时代在发展，形势在变化，认识在深化，现代文学作家们的现代文学意识自然不可能完全契合我们现在的认识。我们现在对现代文学不满，要给原先的"新文学"和"新文学观念"进行重估；要重写文学史；要给现代文学扩容；要让旧体诗词、通俗文学进入文学史……这都代表了我们今天的认识，但对于现代文学而言这是马后炮，我们不可能用我们的"后见"来苛求现代文学作家们的"时见"。没有人能超越时代，现代文学作家们的文学意识自然有其肤浅、粗疏、盲视和谬误之处，但是这些时代弄潮儿身后的阴影，不是我们否定其光辉形象的理由，而是需要用我们的智慧之光去照亮。这是我们今天的作家和文学研究者的历史担当。

类比一下，我们今人又会给后人留下什么样的当代文学意识（或者广义一点说，仍然是现代文学意识）呢？后人又将给予我们什么样的历史评价呢？也许我们在提出"现代文学是什么"之后，也应该再接着问一声："当代文学是什么？"

参考文献

[1] 赵家璧．中国新文学大系［M］．影印本．上海：上海文艺出版社，2003．

[2] 阿英．阿英文集［M］．北京：生活·读书·新知三联书店，1981．

[3] 范伯群．冰心研究资料［M］．北京：北京出版社，1984．

[4] 方仁念．新月派评论资料选［M］．上海：华东师范大学出版社，1993．

[5] 废名．新诗十二讲［M］．沈阳：辽宁教育出版社，2006．

[6] 郭沫若．郭沫若全集［M］．北京：人民文学出版社，1989．

[7] 胡风．胡风全集［M］．武汉：湖北人民出版社，1999．

[8] 胡风．胡风评论集：上［M］．北京：人民文学出版社，1984．

[9] 胡风．胡风评论集：中［M］．北京：人民文学出版社，1984．

[10] 胡风．胡风评论集：下［M］．北京：人民文学出版社，1985．

[11] 胡适．白话文学史［M］．上海：上海古籍出版社，1999．

[12] 胡适．胡适全集［M］．合肥：安徽教育出版社，2003．

[13] 胡适．胡适文集［M］．北京：北京大学出版社，1998．

[14] 黄人影．郭沫若论［M］．上海：上海书店影印，1988．

[15] 贾植芳，苏兴良，刘裕莲，等．文学研究会资料［M］．郑州：河南人民出版社，1985．

[16] 姜义华．胡适学术文集·新文学运动［M］．北京：中华书局，1993．

［17］雷达，李建军．百年经典文学评论．1901－2001［M］．武汉：长江文艺出版社，2004．

［18］李何林．中国文艺论战［M］．西安：陕西人民出版社，1984．

［19］李健吾．咀华集·咀华二集［M］．上海：复旦大学出版社，2005．

［20］梁宗岱．梁宗岱文集［M］．北京：中央编译社，2003．

［21］刘运峰．中国新文学大系导言集．1917—1927［M］．天津：天津人民出版社，2009．

［22］刘增人，冯光廉．叶圣陶研究资料［M］．北京：北京十月文艺出版社，1988．

［23］鲁迅．鲁迅全集［M］．北京：人民文学出版社，2005．

［24］茅盾．茅盾全集［M］．北京：人民文学出版社，1984．

［25］茅盾．茅盾论中国现代作家作品［M］．北京：北京大学出版社，1980．

［26］茅盾．茅盾文艺杂论集［M］．上海：上海文艺出版社，1981．

［27］茅盾．西洋文学通论［M］．上海：复旦大学出版社，2004．

［28］钱理群．二十世纪中国小说理论资料：第4卷［M］．北京：北京大学出版社，1997．

［29］沈从文．沈从文全集［M］．太原：北岳文艺出版社，2002．

［30］沈从文．沈从文文集［M］．广州：花城出版社，1984．

［31］舒芜．近代文论选［M］．北京：人民文学出版社，1959．

［32］陶明志．周作人论［M］．上海：上海书店影印，1987．

［33］王先霈．文学批评原理［M］．上海：华中师范大学出版社，1999．

［34］王晓明．文学研究会评论资料选：上［M］．上海：华东师范大学出版社，1985．

［35］王晓明．文学研究会评论资料选：下［M］．上海：华东师范大学出版社，1992．

［36］王运熙，沙似鹏. 中国文论选·现代卷：上［M］. 南京：江苏文艺出版社，1996.

［37］王运熙，许道明. 中国文论选·现代卷：中［M］. 南京：江苏文艺出版社，1996.

［38］王运熙，张新. 中国文论选·现代卷：下［M］. 南京：江苏文艺出版社，1996.

［39］闻一多. 闻一多全集［M］. 北京：生活·读书·新知三联书店，1982.

［40］闻一多. 闻一多全集［M］. 武汉：湖北人民出版社，1993.

［41］吴福辉. 二十世纪中国小说理论资料：第3卷［M］. 北京：北京大学出版社，1997.

［42］徐静波. 梁实秋批评文集［M］. 珠海：珠海出版社，1998.

［43］徐中玉. 中国近代文学大系·文学理论集2［M］. 上海：上海书店，1994.

［44］许道明. 中国现代文学批评史新编［M］. 上海：复旦大学出版社，2002.

［45］许毓峰. 闻一多研究资料：上、下［M］. 太原：北岳文艺出版社，1986.

［46］严家炎. 二十世纪中国小说理论资料：第2卷［M］. 北京：北京大学出版社，1997.

［47］扬扬. 周作人批评文集［M］. 珠海：珠海出版社，1998.

［48］姚淦铭、王燕. 王国维文集［M］. 北京：中国文史出版社，1997.

［49］郁达夫. 艺文私见［M］. 上海：复旦大学出版社，2004.

［50］郁达夫. 郁达夫文集［M］. 广州：花城出版社，1982.

［51］郁达夫. 郁达夫文论集［M］. 杭州：浙江文艺出版社，1985.

［52］袁良骏. 丁玲研究资料［M］. 天津：天津人民出版社，1982.

［53］张若英. 中国新文学运动史资料［M］. 上海：上海光明书局，

1934.

[54] 赵家璧. 编辑忆旧 [M]. 北京：生活·读书·新知三联书店，1984.

[55] 郑振铎. 插图本中国文学史：上、下 [M]. 上海：上海世纪出版集团，2005.

[56] 郑振铎. 中国文学论集 [M]. 上海：上海开明书店，1934.

[57] 周作人. 中国新文学的源流 [M]. 南京：江苏文艺出版社，2007.

[58] 朱自清. 朱自清古典文学论集 [M]. 上海：上海古籍出版社，1981.

[59] 朱自清. 朱自清全集 [M]. 南京：江苏教育出版社，1990.

[60] 邹啸. 郁达夫论 [M]. 上海：上海书店影印，1987.

[61] 中国社会科学院文学研究所鲁迅研究室. 1913—1983鲁迅研究学术论著资料汇编：第1卷 [M]. 北京：中国文联出版公司，1985.

[62] 中国社会科学院文学研究所现代文学研究室. "革命文学"论争资料选编 [M]. 北京：人民文学出版社，1981.

[63] 中南区七所高等院校合. 中国现代文学史资料汇编 [M]. 郑州：河南人民出版社，1979.

[64] 布莱尔. 批评意识 [M]. 郭宏安，译. 南昌：百花洲文艺出版社，1993.

[65] 蒂博代. 六说文学批评 [M]. 赵坚，译. 北京：生活·读书·新知三联书店，1989.

[66] 福柯. 权力的眼睛：福柯访谈录 [M]. 严锋，译. 上海：上海人民出版社，1997.

[67] 塔迪埃. 20世纪的文学批评 [M]. 史忠义，译. 南昌：百花洲文艺出版社，1998.

[68] 弗莱. 批评的解剖 [M]. 陈慧，译. 天津：百花文艺出版社，2006.

[69] 艾布拉姆斯. 镜与灯：浪漫主义文论及批评传统［M］. 郦稚牛，译. 北京：北京大学出版社，2004.

[70] 韦勒克. 批评的诸种概念［M］. 丁泓，译. 成都：四川文艺出版社，1988.

[71] 韦勒克. 近代文学批评史：第1卷［M］. 杨自伍，译. 上海：上海译文出版社，1987.

[72] 费正清. 剑桥中华民国史［M］. 北京：中国社会科学出版社，1994.

[73] 克里格. 批评旅途：六十年代后［M］. 李自修，译. 北京：中国社会科学出版社，1998.

[74] 高利克. 中国现代文学批评发生史［M］. 陈圣生，译. 北京：社会科学文献出版社，1997.

[75] 瑞恰慈. 文学批评原理［M］. 杨自伍，译. 南昌：百花洲文艺出版社，1997.

[76] 伊格尔顿. 现象学，阐释学，接受理论：当代西方文艺理论［M］. 王逢振，译. 南京：江苏教育出版社，2006.

[77] 卜召林. 中国现代新文学批评研究［M］. 济南：山东大学出版社，2003.

[78] 陈晨. 中国新时期新文学史研究资料［M］. 济南：山东文艺出版社，2006.

[79] 陈方竞. 多重对话：中国新文学的发生［M］. 北京：人民文学出版社，2003.

[80] 陈国球. 文学史书写形态与文化政治［M］. 北京：北京大学出版社，2004.

[81] 陈思和. 陈思和自选集［M］. 桂林：广西师范大学出版社，1997.

[82] 戴燕. 文学史的权利［M］. 北京：北京大学出版社，2002.

[83] 董丽敏. 想像现代性［M］. 桂林：广西师范大学出版社，

2006.

[84] 段从学. 中国新诗的形式与历史 [M]. 北京：人民出版社，2020.

[85] 葛兆光. 中国思想史·导论 [M]. 上海：复旦大学出版社 2001.

[86] 洪子诚. 问题与方法 [M]. 北京：生活·读书·新知三联书店，2002.

[87] 黄键. 京派文学批评研究 [M]. 上海：生活·读书·新知三联书店，2002.

[88] 黄曼君. 新文学传统与经典阐释 [M]. 武汉：湖北教育出版社，2005.

[89] 黄修己. 中国现代文学研究通史：全 5 卷 [M]. 广州：广东人民出版社，2020.

[90] 黄修己. 中国新文学史编纂史 [M]. 北京：北京大学出版社，2007.

[91] 黄修己，刘卫国. 中国现代文学研究史 [M]. 广州：广东人民出版社，2008.

[92] 旷新年. 中国 20 世纪文艺学学术史：第二部下卷 [M]. 上海：上海文艺出版社，2001.

[93] 李杨. 文学史写作中的现代性问题 [M]. 太原：山西教育出版社，2006.

[94] 寥超慧. 中国现代文学思潮论争史 [M]. 武汉：武汉出版社，1997.

[95] 刘锋杰. 中国现代六大批评家 [M]. 北京：北京大学出版社，2005.

[96] 刘禾. 跨语际实践 [M]. 宋伟杰，译. 北京：生活·读书·新知三联书店，2002.

[97] 刘炎生. 中国现代文学论争史 [M]. 广州：广东人民出版社，

1999.

[98] 刘勇、尚礼. 现代文学研究 [M]. 北京：北京出版社，2001.

[99] 栾梅健. 二十世纪中国文学发生论 [M]. 桂林：广西师范大学出版社，2006.

[100] 罗岗. 危机时刻的文化想像 [M]. 南昌：江西教育出版社，2005.

[101] 罗宗义. 文学批评论 [M]. 厦门：厦门大学出版社，1991.

[102] 南京大学中国现代文学研究中心. 中国现代文学传统 [M]. 北京：人民文学出版社，2002.

[103] 彭亚非. 中国正统文学观念 [M]. 北京：社会科学文献出版社，2007.

[104] 钱理群，黄子平，陈平原. 二十世纪中国文学三人谈·漫说文化 [M]. 北京：北京大学出版社，2004.

[105] 钱理群. 返观与重构 [M]. 上海：上海教育出版社，2000.

[106] 钱理群. 现代文学三十年 [M]. 北京：北京大学出版社，1998.

[107] 钱中文，刘方喜，吴子林. 自律与他律：中国现当代文学论争中的一些理论问题 [M]. 北京：北京大学出版社，2005.

[108] 石曙萍. 知识分子的岗位与追求 [M]. 上海：东方出版中心，2006.

[109] 四川大学中文系现代中国文化与文学研究中心. 现代中国文化与文学：第2辑 [M]. 成都：巴蜀书社，2005.

[110] 宋剑华. 现代性与中国文学 [M]. 济南：山东教育出版社，1991.

[111] 王瑶. 王瑶文集 [M]. 太原：北岳文艺出版社，1995.

[112] 王瑶. 中国新文学史稿 [M]. 上海：开明书店，1951.

[113] 温儒敏. 中国现代文学批评史 [M]. 北京：北京大学出版社，1993.

[114] 温儒敏. 中国现当代文学学科概要 [M]. 北京：北京大学出版社，2005.

[115] 吴立昌. 文学的消解与反消解 [M]. 上海：复旦大学出版社，2004.

[116] 夏志清. 新文学的传统 [M]. 北京：新星出版社，2005.

[117] 夏志清. 中国现代小说史 [M]. 上海：复旦大学出版社，2005.

[118] 咸立强. 寻找归宿的流浪者 [M]. 上海：东方出版中心，2006.

[119] 徐鹏绪，李广.《中国新文学大系》研究 [M]. 北京：社会科学文献出版社，2007.

[120] 许道明. 中国现代文学批评史 [M]. 南京：江苏文艺出版社，1995.

[121] 许道明. 中国现代文学批评史新编 [M]. 上海：复旦大学出版社，2002.

[122] 许纪霖. 20世纪中国知识分子史论 [M]. 北京：新星出版社，2005.

[123] 严家炎. 中国现代小说流派史 [M]. 北京：人民文学出版社，1989.

[124] 叶维廉. 中国诗学 [M]. 北京：生活·读书·新知三联书店，1992.

[125] 张京媛. 后殖民理论与文化批评 [M]. 北京：北京大学出版社，1999.

[126] 张京媛. 新历史主义与文学批评 [M]. 北京：北京大学出版社，1993.

[127] 张蕴艳. 李长之学术：心路历程 [M]. 北京：北京大学出版社，2006.

[128] 赵京华. 日本现代文学的起源 [M]. 北京：生活·读书·新

知三联书店，2006.

［129］钟军红. 胡适新诗理论批评［M］. 北京：人民文学出版社，2005.

［130］周海波. 中国现代文学批评史论［M］. 上海：上海人民出版社，2002.

［131］周晓明. 现代中国文学论丛：第一辑［M］. 北京：中国社会科学出版社，2007.

［132］朱国华. 文学与权力：文学合法性的批判性考察［M］. 上海：华东师范大学出版社，2006.

［133］朱智秀. 《中国新文学大系（1917－1927）·小说选集·导言》研究［M］. 南京：南京大学出版社，2009.

［134］常江虹. 论人是否知己？：评茅盾左翼思潮时期的八篇"作家论"［J］. 惠州大学学报，1999（1）.

［135］顾永棣. 对徐志摩的再认识：试论茅盾的《徐志摩论》［J］. 嘉兴学院学报，2006（2）.

［136］郭娅妮. 20世纪30年代"作家论"批评热现象剖析［D］. 重庆：重庆师范大学，2006.

［137］郭娅妮. 抽象的抒情：论三十年代沈从文的"作家论"［J］. 重庆社会科学，2006（2）.

［138］李方平. 茅盾作家论的美学创造［J］. 青大师院学报，1996（2）.

［139］李建军. 论作家的自反批评［J］. 中国文学批评，2021（1）.

［140］刘晓南. 第四种批评［D］. 北京：北京大学，2006.

［141］乔雨菲. 五四文学论争新探［D］. 济南：山东师范大学，2020.

［142］邵滢. "第七天的批评"：试论作家批评［J］. 华中师范大学学报，2003（2）.

［143］王晓东. 茅盾作家论之流变刍议［J］. 重庆邮电学院学报

（社会科学版），2004（6）.

[144] 王兆胜. 关于中国现当代作家的"散文批评"[J]. 当代文坛，2020（3）.

[145] 王之望. 论作家的理论批评[J]. 天津社会科学，1989（6）.

[146] 温儒敏. 论茅盾的"作家论"批评文体[J]. 天津社会科学，1993（3）.

[147] 温儒敏. 作为文学史写作资源的"作家论"[J]. 北京大学学报（哲学社会科学版），2005（2）.

[148] 吴浪平. 中国现代作家的"作家论"研究综述[J]. 荆楚理工学院学报，2010（1）.

[149] 吴投文. 沈从文论鲁迅：从游移到认同[J]. 中南大学学报（社会科学版），2004（1）.

[150] 吴投文. 沈从文论鲁迅：在疏离与接受之间[J]. 上海交通大学学报（哲学社会科学版），2004（1）.

[151] 杨健民. "五四"文学批评背景与中国现代作家论的诞生[J]. 福建论坛·人文社会科学版，2000（6）.

[152] 杨健民. 茅盾的新文学作家论[J]. 中国社会科学，1983（2）.

[153] 杨健民. 茅盾前期文学批评观的转型与作家论的视角[J]. 福建论坛·人文社会科学版，2001（6）.

[154] 杨劼. 关于作家论[J]. 当代作家评论，1997（6）.

[155] 赵欣若. 论茅盾中国现代作家作品论[D]. 保定：河北大学，2005.

[156] 周海波. 论三十年代不同范式的作家论[J]. 山东社会科学，1997（2）.

[157] 周兴华. "我"与"我们"：茅盾作家论的意义标志[J]. 文学评论，2005（4）.

[158] 周兴华. 茅盾文学批评的"矛盾"变奏[D]. 上海：华东师

范大学，2005．

[159] 周兴华．茅盾作家论的盲视之域 [J]．南方文坛，2005（1）．

[160] 陈改玲，刘小波．胡适与文学史学科：评《白话文学史》[J]．郑州大学学报，1998（3）．

[161] 陈漱渝．鲁迅·周作人·胡适 [J]．吉首大学学报，1995（1）．

[162] 戴燕．中国文学史：一个历史主义的神话 [J]．文学评论，1998（5）．

[163] 段怀清．胡适文学改良主张中三个尚待澄清的问题 [J]．浙江大学学报，2007（3）．

[164] 顾春花．论胡适的文学史思想 [D]．扬州：扬州大学，2003．

[165] 顾庆．胡适与现代文学新观念 [J]．陕西师范大学学报，2000（3）．

[166] 郭小英．论胡适文学革命的"语言"逻辑起点 [J]．兰州学刊，2007（3）．

[167] 郭运恒．中国新文学初期的理论建构：试论鲁迅与胡适的文学观 [J]．河南师范大学学报，2007（1）．

[168] 泓峻．胡适白话文学理论与白话文学实践的错位 [J]．烟台大学学报，2007（2）．

[169] 胡明．胡适与中国文学的现代转型 [J]．学术月刊，1994（3）．

[170] 李凤仪．也论胡适对白话取代文言的态度 [J]．求是学刊，1995（6）．

[171] 罗振亚．"破坏性重述"：胡适新的文学史观的构筑 [J]．北方论丛，2000（1）．

[172] 骆玉明．古典与现代之间：胡适、周作人对中国新文学源流的回溯及其中的问题 [J]．中国文学研究，2000（4）．

[173] 茅盾. 1935 年记事：回忆录十八 [J]. 新文学史料，1983 (1).

[174] 冒建华. 胡适文学思想的双重奏 [J]. 社科纵横，2004 (6).

[175] 牛鸿英. 从"形式革命"到"整理国故"：试论胡适对新文学的系统构建 [J]. 陕西师范大学学报，1999 (2).

[176] 沈永宝.《文学改良刍议》探源：胡适与黄远生 [J]. 上海社会科学院学术季刊，1995 (2).

[177] 唐小林. 中国现代文学史叙述的知识性危机：《文学革命论》之革命话语考论 [J]. 社会科学研究，2005 (3).

[178] 王济民."五四"时期胡适的科学思想和文学批评 [J]. 华中师范大学学报，2005 (2).

[179] 王齐洲. 论文学的进化与退化：20 世纪的一种文学史检讨 [J]. 华中师范大学学报，2006 (5).

[180] 魏绍馨. 历史的重估：胡适与五四新文学运动 [J]. 中州学刊，1999 (1).

[181] 徐改平，贾海生. 胡适与中国现代文学史研究述评 [J]. 文学评论，1999 (3).

[182] 徐改平. 试论胡适与中国现代自由主义文学思潮 [J]. 开放时代，1999 (4).

[183] 徐改平. 也谈胡适与新文学运动 [J]. 甘肃社会科学，1997 (3).

[184] 尹康庄. 胡适周作人的平民文学观比较 [J]. 山西师大学报，2007 (1).

[185] 袁红涛."白话"与"文学"：胡适文学改良主张再认识 [J]. 学术探索，2004 (4).

[186] 张超. 胡适文学理论与批评的接受意向 [J]. 齐鲁学刊，2006 (6).

[187] 张舸. 试论胡适"五四"时期对文艺理论建设的贡献 [J].

时代文学，2007（2）.

［188］张军. 对五四前后胡适思想转变的几点评析［J］. 求索，2006（4）.

［189］庄森. 胡适自由思想与平民文学主张［J］. 文学评论，2005（3）.

［190］庄森. 胡适的文学革命论［J］. 江淮论坛，2005（4）.

［191］庄森. 胡适的文学进化论［J］. 华南师范大学学报，2005（5）.

［192］庄森. 胡适的文学自然进化论［J］. 江西社会科学，2006（7）.

［193］庄锡华. 论胡适文艺思想的三大矛盾［J］. 江苏社会科学，2007（3）.

［194］邓利. 试论周作人的文学批评［J］. 北方论丛，2001（5）.

［195］丁亚平. 自己的园地：无声潜思与独立探询：论周作人的文学批评个性［J］. 海南师范学院学报，1991（1）.

［196］段筱婕. 探寻中国现代文学批评建设的初程［D］. 乌鲁木齐：新疆大学，2006（6）.

［197］葛红兵. 周作人的人本主义文化观及人的文学［J］. 伊犁师范学院学报，1994（3）.

［198］郭建玲，杨联芬. 一种信仰的怀疑：论周作人文学思想的进化色彩［J］. 海南师范学院学报，2004（6）.

［199］胡勇. 周作人的"人学"理论辨析［J］. 宁波大学学报，2006（6）.

［200］胡有清. 二三十年代周作人文学思想论析［J］. 南京大学学报，1997（2）.

［201］黄昌勇，郅庭阁. 从"为人生的艺术"到"为艺术的艺术"［J］. 河北学刊，2002（3）.

［202］姜玉琴. "人"与误读的"人"：再论周作人的〈人的文学〉

［J］．东方论坛，2004（4）．

［203］李兵，聂丽君．论周作人的现代性及其审美与启蒙的对立［J］．云南民族大学学报，2007（1）．

［204］李延江．谈周作人早期思想变迁［J］．社会科学论坛，2000（8）．

［205］梁光焰．心灵在杰作间之冒险：周作人的文学批评观及其现实意义［J］．青海师范大学学报，2005（4）．

［206］钱理群．历史的毁誉之间：简论周作人文艺批评理论与实践［J］．中国现代文学研究丛刊，1988（1）．

［207］舒芜．重在思想革命：周作人论新文学新文化运动［J］．中华文化，1995（1）．

［208］田广．试论周作人历史轮回观的三维形态［J］．学术探索，2006（4）．

［209］庄锡华．传统文化与周作人文学思想的重识［J］．福建论坛，2005（5）．

［210］卜召林，王玲玲．理性的倾斜：茅盾文学批评的再评价［J］．齐鲁学刊，2000（5）．

［211］卜召林，王玲玲．茅盾文学批评新论［J］．山东社会科学，2000（2）．

［212］陈志华．新时期山东茅盾研究成果述评［J］．山东师范大学学报，2007（3）．

［213］丁柏铨．转折期的精神浮沉与演进：茅盾写作《从牯岭到东京》前后思想透视［J］．江苏社会科学，1997（1）．

［214］封孝伦．理想与现实的分裂和对抗［J］．贵州社会科学，1997（1）．

［215］黄立平．茅盾文艺思想述评［J］．学术论坛，2000（2）．

［216］李建东．论茅盾早期对鲁迅的认识和评价［J］．集美大学学报，2001（4）．

[217] 李荣启. 论茅盾的现实主义文学观 [J]. 重庆社会科学, 2007 (7).

[218] 秦川. 茅盾论郭沫若的《女神》及其它 [J]. 郭沫若学刊, 1996 (3).

[219] 尚文. 作为文学批评家的茅盾 [J]. 琼州大学学报, 1996 (1).

[220] 唐金海. 作为卡里斯马的茅盾：茅盾文学批评的当代价值 [J]. 西南民族大学学报, 2006 (9).

[221] 温儒敏. 茅盾与现代文学批评 [J]. 文艺评论, 1996 (3).

[222] 吴程舜. 茅盾文学批评与文艺理论主张及其现代意识 [J]. 宁夏社会科学, 2004 (1).

[223] 扬扬. 陌生的同路人：论五四时期茅盾文学观 [J]. 文学评论, 1993 (3).

[224] 张光芒. 论茅盾的"实践型启蒙文学观" [J]. 烟台师范学院学报, 2003 (6).

[225] 张霞. 论茅盾文学批评的趋时性 [J]. 西华师范大学学报, 2006 (1).

[226] 周景雷. 茅盾与中国现代文学 [D]. 上海：复旦大学, 2004.

[227] 周兴华. 茅盾文学批评中的角色转换与内心冲突 [J]. 宁波大学学报, 2007 (2).

[228] 周兴华. 茅盾在"革命文学"论争中的境遇和姿态 [J]. 淮南师范学院学报, 2006 (6).

[229] 朱德发. 试论茅盾文学思想的新旧认知结构 [J]. 东岳论丛, 2006 (6).

[230] 梁红霞. 沈从文文学批评的东方美韵 [J]. 长江文艺, 2007 (3).

[231] 刘海军. 另类批评的风采 [J]. 理论与创作, 2006 (1).

[232] 刘海军. 论情感型作家沈从文的文学批评 [J]. 江西师范大学学报, 2006 (2).

[233] 刘海军. 沈从文本土化文学批评刍论 [J]. 湖北民族学院学报, 2007 (3).

[234] 刘海军. 心理批评视域下的沈从文文学批评 [J]. 民族文学研究, 2007 (3).

[235] 刘丽. 建构一座神性的"希腊小庙" [J]. 理论界, 2007 (1).

[236] 刘泽友. 论沈从文的文学批评 [J]. 吉首大学学报, 2004 (7).

[237] 邵宝辉. 沈从文文学批评实践论略 [J]. 唐山学院学报, 2005 (1).

[238] 邵滢. 沈从文文学批评略探 [J]. 赣南师范学院学报, 1999 (1).

[239] 邵滢. 试论沈从文文学批评的美学测度 [J]. 江西社会科学, 2002 (2).

[240] 孙士生. 文体批评与古典审美：沈从文文学批评的标准 [J]. 名作欣赏, 2007 (16).

[241] 王济远. "大师批评"之另一面：沈从文文学批评的局限性 [J]. 齐齐哈尔大学学报, 2006 (5).

[242] 王济远. 沈从文文学批评观的特色和缺憾 [J]. 上海师范大学学报, 2004 (5).

[243] 文学武, 黄昌勇. 沈从文文学批评论 [J]. 云南社会科学, 2001 (2).

[244] 文学武. 论沈从文的文学批评个性 [J]. 上海交通大学学报, 2000 (2).

[245] 文学武. 论沈从文的文学批评观 [J]. 江淮论坛, 2000 (2).

[246] 吴浪平, 刘海军. 从鲁迅学习抒情：简析沈从文"鲁迅论"

[247] 吴浪平，刘海军. 沈从文印象批评探析 [J]. 电影文学，2008（10）.

[248] 张华. 文学自由与经典的重造 [J]. 民族论坛，2007（8）.

[249] 赵学勇，蔺春华. 传统批评理念的现代表现 [J]. 艺研究，2003（6）.

[250] 钟明诚. 审美性与学理性交合：沈从文的批评文体 [J]. 云梦学刊，2001（5）.

[251] 李俊国. 钱杏邨与早期中国无产阶级文学理论批评 [J]. 湖北大学学报，1993（5）.

[252] 马利安·高利克，张林杰. 钱杏邨的无产阶级现实主义和"力的文学"理论 [J]. 烟台师范学院学报，1992（3）.

[253] 王烨.《苦闷的象征》对钱杏邨30年代文学批评的影响 [J]. 中国现代文学研究丛刊，2001（4）.

[254] 魏家骏. 觉醒的阶级和死去的时代 [J]. 文艺理论与批评，2003（2）.

[255] 吴家荣. 论阿英早期文艺思想 [J]. 江淮论坛，1997（2）.

[256] 陈方竞. 论穆木天五四时期的文学批评理论 [J]. 中国现代文学研究丛刊，1997（1）.

[257] 陈方竞. 论穆木天五四时期文学批评的"文学史"价值 [J]. 吉林师范学院学报，1996（9）.

[258] 钱中文. 文学观念向他律的倾斜与越界 [J]. 河北学刊，2005（7）.

[259] 宋剑华. 1926—1930：中国现代作家的思想转型 [J]. 湖南师范大学学报，2002（9）.

[260] 汪晖. 预言与危机：上 [J]. 文学评论，1989（3）.

[261] 汪晖. 预言与危机：下 [J]. 文学评论，1989（4）.

[262] 陈芳竞. 鲁迅与1930年代的左翼文学批评 [J]. 齐鲁学刊，

2007（4）.

[263] 陈国恩. 文学革命：新文学历史的原点［J］. 社会科学辑刊，2007（1）.

[264] 陈平原. 四代人的文学史研究图景［J］. 北京大学学报，1997（4）.

[265] 陈占彪. 论"五四"时期的"语言文字革命"：以鲁迅、胡适为中心［J］. 文艺争鸣，2006（6）.

[266] 程光炜. 知识·权力·文学史：关于中国现代文学史观的再思考［J］. 南京大学学报，2005（1）.

[267] 戴燕. 文学·文学史·中国文学史［J］. 文学遗产，1996（6）.

[268] 高树海. 论中国文学史观的发展变迁［J］. 学习与探索，1999（2）.

[269] 何锡章. 中国现代文学研究为什么会选择西方话语［J］. 文学评论，2003（6）.

[270] 胡玉伟. "历史"的规约与文学的建构：中国解放区文学研究（1942—1949）［D］. 大连：东北师范大学，2006.

[271] 贾振勇. 文学史秩序·经典·权力［J］. 东方论坛，2005（5）.

[272] 姜玉琴. 新文学发生期的理论分歧与选择［J］. 华中师范大学学报，2004（6）.

[273] 孔范今. 从"文学革命"到"革命文学"阶段历史性转换的内在脉络［J］. 济南大学学报，1998（4）.

[274] 孔范今. 论中国文学的现代转型与文学史重构［J］. 文学评论，2003（4）.

[275] 孔范今. 论中国文学的现代转型和文学史重构［J］. 文学评论，2003（3）.

[276] 李昌集. 文学史中的主流、非主流与"文学史'建构［J］.

文学遗产，2005（2）.

［277］李卫涛. 中国现代文学的文学发展史观批判［J］. 求索，2004（6）.

［278］李新宇. 1928：新文化危机中的鲁迅［J］. 中国现代文学研究丛刊，2001（3）.

［279］李作霖. 文学史历史解释的合法性［J］. 中国文学研究，2007（1）.

［280］刘纳. 二元对立与矛盾绞缠［J］. 中国现代文学研究丛刊，2003（4）.

［281］刘纳. 五四新文化的文化选择［J］. 河北学刊，1999（3）.

［282］刘炎生. "五四"文学革命与西方文学［J］. 华南师范大学学报，2007（1）.

［283］刘勇，杨联芬. "五四"的困境与新文学的历史描述［J］. 北京师范大学学报，1999（2）.

［284］刘雨，关尚杰. 文学革命群体话语内部的差异性分析［J］. 东北师大学报，2002（5）.

［285］刘忠. 中国文学的现代转型与进化论时间观［J］. 学术研究，2004（9）.

［286］柳传堆. 冯雪峰与王瑶对新文学"性质"的界定［J］. 中国现代文学研究丛刊，2005（4）.

［287］龙泉明. 对于一种社会成规的革命［J］. 西南师范大学学报，1998（4）.

［288］罗岗. 解释历史的力量［J］. 开放时代，2001（5）.

［289］钱理群. 扩大研究视野与确立研究重心［J］. 浙江师范大学学报（社科版），2002（2）.

［290］秦弓. 五四时期反对派的挑战对于新文学的意义［J］. 中国社会科学院研究生学报，2007（2）.

［291］萨支山. "革命文学"论争中的文学史叙事［J］. 中国现代文

学研究丛刊，2002（1）.

[292] 宋剑华，张冀. "启蒙主义"与中国现代文学［J］. 贵州社会科学，2007（1）.

[293] 唐利群. 进化论：新文学史叙述的生成［J］. 华北电力大学学报，2004（1）.

[294] 唐利群. 同一与歧异：30年代的中国新文学史叙述［J］. 新疆师范大学学报，2004（9）.

[295] 唐祥勇. 正统意识与五四新文学运动［J］. 求索，2005（7）.

[296] 唐旭君. 论"五四"文学革命的理论视界［J］. 求索，2007（3）.

[297] 童龙超. 概念的歧义与五四"平民文学"的争论［J］. 云南社会科学，2007（1）.

[298] 童龙超. 五四时期人言人殊的"平民文学"［J］. 华中科技大学学报，2007（3）.

[299] 王风. 文学革命的胡适叙事与周氏兄弟路线［J］. 中国现代文学研究丛刊，2006（1）.

[300] 王富仁. 当前中国现代文学研究中的若干问题［J］. 中国现代文学研究丛刊，1996（2）.

[301] 王嘉良. 文学思潮视野中的启蒙话语［J］. 天津社会科学，2004（6）.

[302] 王培元. 左翼文学是如何被消解的［J］. 中国现代文学研究丛刊，2002（1）.

[303] 王维国. 启蒙话语的转换与形成［J］. 燕山大学学报，2004（4）.

[304] 魏建. 创造社的价值：为"五四文学革命"的补课［J］. 鲁迅研究月刊，1996（8）.

[305] 温儒敏. 40年代文学史家如何塑造"新文学传统"［J］. 中国现代文学研究丛刊，2003（4）.

［306］温儒敏．论《中国新文学大系》的学科史价值［J］．文学评论，2001（3）．

［307］温儒敏．文学史观的建构与对话：围绕初期新文学的评价［J］．北京大学学报，2000（4）．

［308］温儒敏．新文学开创史的自我证明［J］．文艺研究，1999（5）．

［309］文贵良．解构与重建：五四文学话语模式的生成与嬗变［J］．中国社会科学，1999（3）．

［310］吴康．新文学的历史：时间境域［J］．文学评论，2006（2）．

［311］吴培显．文学史观的局限与盲点［J］．理论与创作，2005（2）．

［312］吴晓东．现代中国文学的"传统"与"现代"［J］．江汉论坛，2003（2）．

［313］伍方斐．文学史叙事模式对"现代"文学的建构及其后现代转型［J］．学术研究，2006（12）．

［314］徐刚．重述五四与"当代文学"的合法性论证考察［D］．武汉：华中师范大学，2007．

［315］阎开振．中国现代浪漫主义衰落原因探析［J］．文艺理论与批评，2007（1）．

［316］颜敏．精神危机：革命文学的征兆［J］．文学评论，2007（2）．

［317］杨春时．"革命文学"对五四文学的批评平议［J］．哈尔滨师专学报，1997（1）．

［318］杨义．新文学开创史的自我证明［J］．文艺研究，1999（5）．

［319］袁进．从"逆变说"到进化论：中国传统文学史观的蜕变［J］．江淮论坛，2001（3）．

［320］岳凯华．知识分子与中国现代文学经典的构建［J］．中国文学研究，2002（3）．

[321] 张宝明.《新青年》与中国现代文学谱系的生成 [J]. 文学评论，2005（5）.

[322] 张传敏. 中国现代文学走向左翼现实主义的内在逻辑 [J]. 文艺理论与批评，2004（6）.

[323] 张光芒. 五四文学观念的现代化转型新论 [J]. 苏州大学学报，1999（3）.

[324] 张晶，白振奎. 近年来文学史观与文学史理论讨论述评 [J]. 社会科学战线，1996（1）.

[325] 张全之. 论创造社向"五四"文学的两次挑战：创造社与"五四"文学关系新论 [J]. 山东社会科学，1999（2）.

[326] 张全之. 五四文学的"二次革命"：重评前期创造社在五四文坛上的地位 [J]. 中州学刊，1998（4）.

[327] 张颐武. 被"转换"和被"替代"的新文学 [J]. 文学自由谈，2004（4）.

[328] 赵家璧. 话说《中国新文学大系》[J]. 新文学史料，1984（1）.

[329] 赵小琪. 倾斜的象牙之塔：前期创造社、前期新月派文艺思想的悖论 [J]. 广州师院学报，1999（10）.

[330] 郑家建，汪文顶. 论中国现代文学研究的再出发 [J]. 文艺理论研究，2005（3）.

[331] 周扬. 新文学运动史讲义提纲 [J]. 文学评论，1986（1）.

[332] 朱德发，张光芒. 近百年来五四文学研究述略 [J]. 东岳论丛，1999（3）.

[333] 朱华阳. 论20世纪中国新文学史著述范式的嬗变 [J]. 内蒙古社会科学，2006（1）.

[334] 朱丕智. 文学革命的理论基石：进化论文学观 [J]. 西南师范大学学报，2004（1）.

[335] 朱寿桐. 论文学史热中的现代文学史观 [J]. 南京社会科学，

1997（8）.

［336］朱寿桐. 论新文学史观的发展之路［J］. 南京大学学报，1997（3）.

［337］朱寿桐. 论中国现代文学的伟大传统［J］. 中国社会科学，2002（1）.

［338］朱寿桐. 隐性影响与显性契合：论19—20世纪中国文学思潮的运作［J］. 江海学刊，2000（2）.

［339］朱晓进. 略论30年代文学的社会科学化倾向［J］. 文学评论，2007（1）.